Willi Reschke · Er hat die Fäden in der Hand

WILLI RESCHKE

Er hat die Fäden in der Hand

CHRISTLICHES VERLAGSHAUS GMBH
STUTTGART

Bücher, die dieses Zeichen tragen, wollen die Botschaft von Jesus Christus in unserer Zeit glaubhaft bezeugen.

ABCteam-Bücher erscheinen in folgenden Verlagen:

Aussaat- und Schriftenmissions-Verlag Neukirchen
R. Brockhaus Verlag Wuppertal / Brunnen Verlag Gießen
Bundes Verlag Witten / Christliches Verlagshaus Stuttgart
Oncken Verlag Wuppertal

3. Auflage 1986

Gesamtherstellung: Druckhaus West GmbH, Stuttgart
ISBN 3-7675-3217-4

Vorwort

Das ist meine Geschichte – mein Leben. Besser gesagt: Es ist Gottes Geschichte mit meinem Leben. Ich habe versucht, alles so wiederzugeben, wie es geschehen ist. Ich habe mich bemüht, hinter die Dinge zu schauen – als mir bewußt wurde, daß Gott mit meinem Leben etwas tun wollte. Denn eines Tages wurde mir deutlich, daß zwar ich handeln konnte, aber daß vor allem mit mir und durch mich gehandelt wurde.

Wenn man das entdeckt, wird ein Leben unerhört spannend. Dann begreift man, daß so viele Ereignisse, an denen man sonst achtlos vorbeigeht und die man kaum wahrnimmt, nicht Zufälle sind, sondern einem im wahrsten Sinne des Wortes zufallen. Es ist nämlich einer da, der sie geschehen läßt. Plötzlich wird das Leben unerhört reich – für einen selbst, aber auch für andere Menschen.

Dieses Buch berichtet nicht nur von Gebets-Erhörungen, sondern auch von Ereignissen, die ganz anders aussehen, die man nicht verstehen kann. Es gehört wohl zum Wichtigsten, daß man merkt: In meinem Leben handelt Gott – oft mit mir, oft durch andere und ebenso auch neben mir. Die Hauptsache ist, das zu erkennen und darüber mit frohem Herzen Gott zu loben.

Willi Reschke

Es ist schon ein eigenartiges Gefühl, auf einer schmalen Bahre vor dem Eingang zum Operationssaal zu liegen, und auf das zu warten, dem man hilflos ausgeliefert ist: auf die Operation.

Bereits fünf Tage befand ich mich in einer Klinik in Wildbad inmitten des schönen Schwarzwaldes. Durch das Fenster meines Zimmers konnte ich zum Sommerberg hinaufsehen. In den ersten Tagen war er winterlich graugrün. Seit zwei Tagen hatte ihn der Winter in Weiß gehüllt, was ihm in dieser Jahreszeit auch zukam.

Jedesmal, wenn die Visite kam, gab es für mich das Rätselraten: Komme ich morgen dran oder immer noch nicht? Fünf Tage sind keine lange Zeit, aber wenn man warten muß, können sie sehr lang werden.

Endlich war es soweit. Am Abend vorher wurde ich auf dieses Ereignis vorbereitet. In der Sprache der Menschen einer Klinik bedeutet das so mancherlei und nicht unbedingt nur Angenehmes.

Die Vorgeschichte bis zu diesem Augenblick war verhältnismäßig einfach: Schon eine Zeitlang hatte ich kleine Beschwerden. Weil sie nicht allzusehr störten, wurden sie übersehen. Doch dann kam der Augenblick – es war kurz vor Weihnachten 1977 – da setzten plötzlich starke Schmerzen ein. Ein Hustenanfall beim morgendlichen Zähneputzen war der Anlaß. Die Weihnachtsfeiertage wurden für mich zur Qual. Wenn man bemüht ist, seine Angehörigen davon so wenig wie nur möglich merken zu lassen, wird es noch schlimmer. Die eigentliche Ursache der Schmerzen war aber weder mir noch meinem Arzt klar. Niemand ahnte, daß der Bruch, der sich im Laufe der Jahre herausgebildet hatte, so tief reichte, daß mir später der Chefarzt der Klinik »fahrlässiges Handeln« vorwarf.

Trotzdem zögerte ich den Augenblick der Entscheidung hinaus, weil ich eine Studienfahrt nach Ägypten vorhatte. Doch eines Tages, ich kam gerade von einer dienstlichen Fahrt nach Hause, ging es nicht mehr. Die Schmerzen waren zu stark.

In der Klinik hatte ich dann viel Zeit zum Nachdenken. Ich habe sie auch ausgiebig genutzt. Die ersten Vorbereitungen auf die Operation beanspruchten mich nicht allzusehr, doch wiesen sie deutlich auf den Augenblick hin, der mich auf den Operationstisch bringen würde. Ich war gar nicht damit einverstanden, daß die Ärzte so viel Zeit für diese Vorbereitungen verwendeten. Auf meine Fragen wurde mir immer wieder geantwortet, ich müßte erst einmal zur Ruhe kommen, äußerlich und innerlich. Hätte der Chefarzt damals schon gewußt, was er mir nach der Operation sagen mußte, die Vorbereitungszeit hätte noch viel länger gedauert.

Obwohl es nicht meinem Wunsch entsprach, hatte ich plötzlich viel Zeit zum Nachdenken. Meine Blicke gingen oft zum Fenster hinaus auf die gegenüberliegenden Höhen. Dabei wurden sie nicht nur äußerlich hinaufgezogen, sondern ebenso auch innerlich. Schon immer hatten die Berge auf mich eine solche Wirkung. Ganz anders ist es mit dem Meer. Die Weite, die man dort überblickt, gibt mir auch ein inneres weites Sehen.

Dieses Nachdenken in den Tagen vor der Operation glich einer Art Bilanz. Ich überdachte mein Leben und die vielen Ereignisse, die es enthielt. Menschen, die mir begegnet waren und die für mich bedeutungsvoll wurden; Erlebnisse, schwere und frohmachende, die meine Wegführung mitbestimmt haben. Und so nahm ich an einem Vormittag nach der Visite Kugelschreiber und Papier zur Hand und begann aufzuschreiben, was es an Besonderem in meinem Leben gegeben hat. Ich war selbst erstaunt, was da zusammenkam. Noch mehr aber bewegte mich, was ich im Vorwort angesprochen habe: Die Führung Gottes, die ich in meinem Leben so deutlich erkennen konnte. Das Auf und Ab, die Tage und Stunden der Freude sowie jene Zeiten, in denen Schweres und Allerschwerstes bestimmend waren, machten mir Gottes lenkende und begleitende Hand sichtbar.

Als die Zusammenstellung vor mir lag und ich glaubte, alles erfaßt zu haben, was in etwa von Bedeutung war, überkam mich ein großes Erstaunen. Zugleich bewegte mich der Gedanke: Das kann man doch nicht alles einfach dem Vergessen überlassen!

Wieder blickte ich hinauf zur Höhe des Sommerberges. Ganz deutlich waren die Stufen des Berges, die einzelnen Absätze, zu erkennen. In dem beginnenden Schneefall traten sie noch deutlicher als sonst hervor. Ich stand auf und öffnete die Balkontür. Eine kräftige, gute Luft strömte ins Zimmer herein. Ich atmete tief und faßte in diesem Augenblick einen Entschluß. Eigentlich war es mehr ein Versprechen, das ich mir, vor allem aber Gott gab: Sollte alles gut vorübergehen und ich dieses Haus wieder gesund verlassen dürfen, dann würde ich die Notizen verwenden, um über die wunderbaren Führungen Gottes in meinem Leben zu schreiben.

Nun lag ich vor der Tür des OP auf jener schmalen Bahre, auf die man mich von meinem Bett hinübergehoben hatte. Einen Augenblick war ich noch allein, doch bald würde der Narkosearzt kommen und dafür sorgen, daß ich in der nächsten Zeit weder etwas empfinden noch denken konnte. Jetzt aber konnte ich noch denken. Und ich dachte: Wie seltsam ist es doch, so liegen und darauf warten zu müssen, was sich in den nächsten Stunden abspielen würde, ohne daran selbst bewußt beteiligt zu sein. Die Ärzte und Gott – besser: Gott und die Ärzte waren jetzt die Akteure, ich selbst aber blieb ausgeschaltet. Ob ich danach wieder zu mir kam, lag allein daran, was Gott über mich bestimmt hatte.

Ich könnte natürlich von der Bahre springen und sagen: »Laßt mich in Ruhe! Ich will nicht operiert werden. Ich will nicht ohne Bewußtsein unter euren Händen liegen.« Aber was würde das helfen? Die Schmerzen kämen wieder, und alles würde noch viel schlimmer werden. Also mußte ich hier liegenbleiben und hinnehmen, was kommen würde.

Es ist schon eigenartig, so ausgeliefert zu sein. Aber dann dachte ich: Ausgeliefert bin ich ja nicht irgendeinem Arzt, der mir den Leib aufschneidet, sondern ihm, meinem Herrn und Gott. Wenn man auf einer solchen Bahre endlich soweit ist, dann geht der innere Blick nach oben, dann wird alles Denken zum Gebet. Es ist die letzte Übergabe des eigenen Willens an den, der bei der Operation auch die Hand des Arztes führen kann. Dieses Gebet war bei mir aber noch mehr: Es kam zur Wiederholung meines Versprechens, das ich mir im Rückblick auf mein Leben in diesen Tagen gegeben hatte: Ich werde es aufschreiben.

Und dann stand der Narkosearzt neben mir.

»Nun«, sagte er freundlich, »wollen wir?« Ich nickte nur. Was hätte ich auch anderes tun sollen? Er stach die Nadel in die Vene ein. »Jetzt werden Sie gleich einen Knoblauchgeschmack im Mund haben«, sagte er. Ich wollte noch antworten – aber da schlief ich bereits.

1.

Ich lief durch den Wald. Ich lief und lief und weinte dabei. Das konnte ich getrost tun, denn niemand sah und hörte es. Ich war ganz allein in dem Wald, einem wundervollen, herrlichen Kiefernwald, der sich viele Kilometer weit hinzog.

Irgendwo flog ein Eichelhäher auf und jagte mir mit seinem Ruf einen mächtigen Schrecken ein. Die Folge davon war, daß ich noch mehr weinte, noch heftiger und lauter. Und dann fiel ich hin. Ich stolperte über eine dicke Baumwurzel, die sich über den Waldweg schlängelte und fiel dabei seitlich in ein Kiefernadelbett. Mein Weinen wurde zum Wehgeschrei, denn ich hatte mir arg weh getan. Der ganze Jammer meiner Welt, in der ich lebte, brach über mir zusammen. Ich war neun Jahre alt.

Schon vier Wochen mußte ich hier leben. Hier – das war die Kinderstation der Heilstätte Belzig, einer Lungenheilstätte. Vier Wochen lang plagte mich das Heimweh, wie es wohl einen Menschen – noch dazu in diesem Alter – nicht härter packen kann. Daran änderten nichts die vielen anderen Kinder, die ebenfalls Tuberkulose hatten, auch nichts die Schwestern, die uns liebevoll betreuten, und ebensowenig das gute Essen, das in dieser schweren Zeit des Jahres 1921 nicht selbstverständlich war. Daran änderte auch nichts der Besuch meiner lieben Mutter, die das wenige Geld fast zusammenkratzte, um mich wenigstens einmal im Monat besuchen zu können. Im Gegenteil, dieser Besuch, der heute mittag zu Ende gegangen war, hatte alles noch schlimmer gemacht.

Ich hatte Tb, doppelseitige Lungen-Tuberkulose. Das wußte ich, es ließ sich auch nicht verheimlichen. Wegen dieser Krankheit mußte ich hier sein. Der Arzt hatte mir gesagt, daß es eine lange Zeit dauern würde.

Das war mir sogar verständlich, denn durch meine schwere Krankheit war ich reifer als andere Kinder in meinem Alter. Doch da gab es ein Erlebnis, über das ich einfach nicht hinwegkam. Darüber hatte ich heute früh mit meiner Mutter gesprochen. Und weil meine Mutter Lügen haßte, hatte sie mir bestätigen müssen, daß ich richtig gehört habe. Es ging um folgendes: Als sich nach mehrmaligem Lungenkatharr und einer schweren Lungenentzündung herausstellte, daß bei mir etwas »nicht in Ordnung« war, meldete meine Mutter mich zu einer gründlichen Untersuchung in einem bekannten Berliner Krankenhaus an.

Vorher nahmen wir als Familie an einer Hochzeit teil. Meine Eltern, meine sieben Jahre ältere Schwester und ich fuhren mit der Bahn nach Landsberg an der Warthe und von dort mit einem Fuhrwerk meines Onkels noch einige Kilometer über Land. Dort fand die Hochzeit einer meiner vielen Cousinen statt.

Bei der Hochzeit geschah es dann. Ich war sehr müde und schlapp. Immer wieder hatte ich schwere Rückenschmerzen und mußte mich ins Bett legen. Dann bekam ich eines Tages leichtes Fieber, und plötzlich mußte ich Blut spucken.

Als wir von der Hochzeit zurückkamen, ging meine Mutter mit mir zu der vorgesehenen gründlichen Untersuchung ins Krankenhaus. Einige Tage später erhielt der Hausarzt den Befund. Er bat uns zu sich.

Sicher, ich war schlapp, hatte keine Lust zum Essen und auch keine Freude am Spielen, aber mir war als neunjähriger Junge in keiner Weise klar, welche Bedeutung das alles hatte.

Mutter sprach mit dem Arzt. Immer wieder sahen mich beide an. Diese Blicke bedrückten mich, denn ich spürte in ihnen Mitleid, und das war mir unangenehm. Jeder hatte mit mir Mitleid; jeder fragte mich, wie es mir ginge, und das war mir gar nicht recht. Plötzlich bat mich der Arzt: »Geh doch ein wenig nach nebenan. Ich habe mit deiner Mutter noch etwas zu besprechen.«

Ich ging in ein anderes Zimmer. Da die Tür aber nur angelehnt und nicht geschlossen war, hörte ich mit meinen durch die Krankheit geschärften Ohren alles mit.

»Wir schicken ihn in eine Heilstätte«, sagte der Arzt zu meiner Mutter. »Aber, liebe Frau, Sie müssen damit rechnen, daß er nicht wiederkommt. Die Krankheit ist zu weit fortgeschritten. Wir können ihm nur Erleichterung verschaffen. Weinen Sie doch nicht, liebe Frau! Weinen Sie nicht, es geht in dieser schweren Zeit vielen Menschen so.«

Ja, das habe ich damals gehört, und heute früh hatte ich meine Mutter gefragt: »Mutti, muß ich sterben?« Da hat sie mich entsetzt angesehen und meine Frage abwehren wollen. Doch ich habe nicht nachgelassen und ihr erzählt, was ich vom Nebenzimmer des Arztes aus gehört habe. Und dann hat meine Mutter nur wortlos genickt. Sagen konnte sie wohl nichts.

Die Sonne fiel durch die Kronen der mächtigen Kiefern dieses herrlichen Waldes. Sie malte Kringel auf den Waldboden, auf dem ich lag. Ich aber weinte und schrie meine ganze Not in die Stille dieses Waldes hinein.

Erst gegen Abend bin ich zurückgelaufen. Zwei Schwestern kamen mir entgegen. Sie suchten mich und machten mir Vorwürfe über mein langes Fortbleiben. Doch dann sahen sie mein Gesicht und schimpften nicht mehr. Eine der Schwestern drückte mich fest an sich und führte mich in den Speisesaal, wo schon die anderen saßen und das Abendbrot einnahmen.

Zum Glück hatte ich gute Kameraden. Sie sahen, was mit mir los war und fragten mich nicht. Doch das Essen wollte mir nicht schmecken.

Am anderen Tag, es war ein Sonntag, nahm ich wie

sonst auch am Kindergottesdienst teil. Meine Mutter hatte das mit Schwester Hertha so ausgemacht.

Eine große Anzahl der Jungen und Mädchen von der Kinderstation wanderten durch den Park der Heilstätte zum Haupthaus. Dort war der Andachtsraum. Wir kamen an einem kleinen Teich vorbei, auf dem viele Enten schwammen. Ein buntschillernder Erpel stand immer wieder Kopf, um irgend etwas aus dem Wasser zu holen. Eine Weile blieben wir dort stehen. Ich mußte dabei denken: Das alles werde ich bald nicht mehr sehen. Wenn ich tot bin, sehe ich keine Sonne mehr, keinen schönen Park mit großen Bäumen und keinen Teich mit Enten.

Die Tränen stiegen mir in die Augen.

Später, beim Kindergottesdienst – ich weiß es noch so genau, als wäre es gestern gewesen – fiel mir etwas auf. Der Pfarrer, der zu uns sprach, sagte: »Alle Dinge sind möglich dem, der da glaubt.« Er erzählte uns die Geschichte von dem Vater, der wegen seines kranken Kindes zu Jesus kam (Markus 9). Bei mir blieben nur die Worte hängen: »Alle Dinge sind möglich dem, der da glaubt!«

Dieses Wort ging mir nicht mehr aus dem Sinn, ja, ich glaubte plötzlich, der Pfarrer hatte dieses Wort nur für mich gesagt. Das mußte doch etwas zu bedeuten haben! Dieser Jesus, von dem ich im Kindergottesdienst und auch von unserem Pfarrer in Berlin gehört hatte, der wollte mir nicht nur etwas sagen, er wollte mir auch helfen.

Mit neun Jahren denkt man ziemlich geradlinig, unkompliziert. Man kennt noch keine Umwege, kein Wenn und Aber wie später als Erwachsener. Darum glaubte ich in dem Augenblick, als ich die Geschichte mit den Worten Jesu hörte, sie gelten mir. Ich müßte nur glauben, und dann sei alles möglich! Das konnte für mich nur heißen: Ich brauche nicht zu sterben, ich werde meine Eltern nicht verlassen, ich muß nicht in ein tiefes Grab hinein – ich brauche ganz einfach nur zu glauben!

Der Nachmittag und Abend wurden mir an jenem Tag sehr lang. Als es soweit war, ging ich als erster in den Schlafsaal. Ich wollte allein sein, ganz allein, und mit diesem Jesus reden. Ich hatte es mir viel leichter vorgestellt, als es dann war. Meine Mutter betete jeden Abend mit mir: »Ich bin klein, mein Herz mach rein, soll niemand drin wohnen als Jesus allein.« Wenn ich noch nicht ganz müde war, dann betete ich auch: »Müde bin ich, geh zur Ruh. . . « Aber jetzt war es mit diesen Gebeten doch nicht getan! Das empfand ich als Neunjähriger sofort. Ich faltete meine Hände und wußte plötzlich nicht, was ich sagen sollte.

In der Erinnerung bekomme ich es heute kaum noch zusammen, was ich damals gestottert habe. Aber eins steht mir deutlich vor Augen: Fortan bat ich an jedem Abend und an jedem Morgen diesen Jesus, er möge mich gesund machen; denn er habe doch gesagt, daß alles möglich ist für den, der da glaubt.

Als ich nach etwa vierzehn Tagen zur nächsten großen Untersuchung vor dem Stationsarzt stand, schüttelte der alte Herr den Kopf. Ich wurde zum Röntgen gebracht, und auch dort machte man bedenkliche Gesichter. Ich muß das alles sehr genau beobachtet haben, denn ich fing an zu weinen. Weinend stand ich kurze Zeit später wieder vor dem alten Stationsarzt. Wir hatten ihn alle sehr gern, unsern guten Doktor. Es gab wohl kein Kind auf der Kinderstation der Heilstätte, mit dem er nicht schon tröstlich gesprochen hatte.

Mich nahm er an diesem Tag zwischen seine Knie, strich mir mit der Hand über den Kopf und sagte: »Du hast keinen Grund zum Weinen, Willi, nein, bestimmt nicht! Du solltest dich freuen. Vielleicht erlebst du tatsächlich noch eine ganz große Freude.«

Ich verstand das alles nicht so recht. Ich fühlte nur, daß seine Worte für mich etwas sehr Gutes bedeuteten. Sollte am Ende – ?

Als ich nach fast einem dreiviertel Jahr aus der Heilstätte entlassen wurde, schloß mich meine Mutter fest in ihre Arme.

»Junge«, sagte sie, »es sieht so aus, als wenn du wieder ganz gesund wirst.«

Ich wurde von der schweren Tuberkulose-Erkrankung geheilt. Ein Jahr später schickte mich unser Hausarzt noch einmal für vier Monate nach Belzig. »Sicher ist sicher!« sagte er. Danach war ich wirklich gesund.

Alles ist möglich dem, der da glaubt! Das habe ich zum ersten Mal als neunjähriger Junge erfahren.

2.

Sollte jemand meinen, ich wäre ein gutes, frommes Kind geworden, der irrt sich gewaltig. Nicht nur Erwachsene, auch Kinder können vergessen, was Gott ihnen Gutes getan hat.

Ich vergaß es – so gründlich wie nur irgend möglich. Das begann bereits bei meinem zweiten Aufenthalt in den Heilstätten von Belzig. Gerade dort fing eine böse Phase meines jungen Lebens an. Das kam so:

Als ich wieder in Belzig einzog – es waren inzwischen fast eineinhalb Jahre vergangen –, hatte ich schon meinen elften Geburtstag hinter mir. Ich fand, daß sich die Verhältnisse auf der Kinderstation erheblich geändert hatten. Es waren nicht nur andere Schwestern dort – auch unser guter alter Stationsarzt war nicht mehr da. Ich weiß nicht, ob er sich zur Ruhe gesetzt hatte oder gar gestorben war.

Auf der Kinderstation herrschte ein übler Geist. Dieser Geist ging ganz sicher nicht von dem Personal aus, den Schwestern und Ärzten, sondern von einer Clique Dreizehn- bis Fünfzehnjähriger, die die ganze Station terrorisierten.

Für mich sah das so aus: Ich traf gegen Abend mit noch zwei anderen Jungen ein. Während des Abendessens wurden wir von den anderen beobachtet. Wir hatten kaum unsere Sachen aus den Koffern in die Schränke verstaut, da wurden wir auch schon von etwa zehn Jungen in den nahen Wald gedrängt. Dort fielen sie über uns her. Wir sollten sagen, wer wir wären und was wir denken würden. Diese Jungen nannten sich Kommunisten und rühmten sich vor allem damit, gottlos zu sein.

Als ich in meiner Ahnungslosigkeit sagte, daß ich jeden Abend beten würde, ging es mir schlecht. Ich bekam meine ersten Prügel. Als ich zu schreien anfing, hielten sie mir den Mund zu und drohten mir das Schlimmste an, wenn ich der Schwester auch nur einen Ton von alledem erzählen würde.

In den folgenden Wochen wurde mir mein kindlicher Glaube regelrecht ausgeprügelt, bis ich endlich schwor, niemals wieder an Gott glauben zu wollen. Ich mußte mit den anderen all die Lieder singen, die sie fast täglich in die Stille des Waldes hineinbrüllten. Eines davon war die »Internationale«, deren Text ich seitdem nicht vergessen habe.

Die Schwestern und die Ärzte wußten von dem Treiben dieser üblen Clique. Aber sie wagten nicht, dagegen anzugehen, weil sie von der Leitung der Heilstätte wahrscheinlich keine Rückendeckung erhielten. Ich weiß es nicht genau.

Als ich nach vier Monaten wieder nach Hause kam und von dem allen erzählte – wobei ich stolz betonte, daß ich nun den Quatsch vom lieben Gott nicht mehr glauben würde –, schlug meine Mutter entsetzt die Hände über dem Kopf zusammen.

Vorkonfirmandenunterricht und danach der eigentliche Konfirmandenunterricht änderten nicht viel an meinem inneren Zustand. Ich habe zwar unseren Pfarrer Stövesandt, meinen Konfirmator, sehr verehrt – aber die Verehrung galt weniger seinem Glauben und dem, was er uns davon mitgeben wollte, als seiner imponierenden Erscheinung. Da gibt es ein Erlebnis, das ich nicht vergessen habe.

»Unser Pastor«, wie wir ihn nannten, lebte in einer kinderlosen Ehe. Das war wohl sein größter Kummer und der seiner prächtigen Frau, wie ich später erfahren habe. Alles, was mit diesem Thema zusammenhing, war für ihn besonders schmerzhaft.

In unseren Reihen gab es einen Dreckfink, dessen Schandmaul vor nichts halt machte. Er stammte aus einer Seitenstraße in Berlin – aus einem Milieu, von dem nichts Gutes zu erwarten war.

Eines Tages sprach unser Pastor über das sechste Gebot. Dabei erwähnte er, daß eine Ehe eigentlich erst dann die rechte Erfüllung finde, wenn Kinder geboren würden. Das war die Gelegenheit für unseren Dreckfink, eine unschöne, gemeine Bemerkung zu machen. Er tat es nicht gerade laut, aber doch so vernehmlich, daß unser Pastor sie hören mußte. Pastor Stövesandt stand einen Augenblick still. Er, der während des Unterrichts gern vor uns auf und ab ging, hielt plötzlich inne und blickte in die Richtung unseres Kameraden. Und dann schritt er ganz langsam, als käme er wieder zu sich, um die Sitzgruppe herum bis zu der Reihe, auf der jener saß, der die abfällige Bemerkung gemacht hatte. Ganz langsam, geradezu bedächtig packte er den Erschrockenen vorn an der Jacke, zog ihn zu sich hoch und versetzte ihm dann – beinahe im Zeitlupentempo –

zwei gewaltige Ohrfeigen, eine rechts und eine links. Danach wandte er sich um, ging wieder nach vorn und setzte den Unterricht fort, als wäre nichts geschehen.

Der Übeltäter aber wurde nach dem Unterricht von der ganzen Meute so sehr verprügelt, daß er es nie mehr wagte, in der Konfirmandenstunde eine dreckige Bemerkung zu machen.

Wenn sich im Konfirmandenunterricht in meinem Innern nichts rührte, dann lag es bestimmt nicht an unserem Pastor. In Belzig war zuviel erschlagen worden.

Bei der Konfirmation selbst wartete ich – seltsamerweise – auf ein Wunder. Mir war ganz feierlich zumute, und ich glaubte, nun müßte doch etwas Besonderes geschehen. Aber es tat sich nichts, und ich verließ enttäuscht das Gotteshaus.

Gott aber läßt einen Menschen, den er einmal ergriffen hat, nicht mehr los, auch wenn er noch so viele Irrwege geht. Ich habe dies später noch oft erfahren müssen, an mir selbst und an anderen Menschen. Gott geht dabei vielfach seltsame Wege. Mir stellte er meine Mutter in den Weg, die ich sehr geliebt habe.

Ich begann eine Lehre als Glasmaler mit der Spezialrichtung Glas-Ätzmaler. Für einen weiteren Schulbesuch langte nicht das Geld meiner Eltern. Heute ist das alles ja viel leichter. Aber damals, in den zwanziger Jahren, war ein Besuch der höheren Schule und ein späteres Studium nur dann möglich, wenn dies der Geldbeutel der Eltern hergab. Deshalb mußte man durch eigene Studien mühsam nachholen, was anders nicht möglich war. Ich habe es getan.

Wenn ich am Abend nach Hause kam – ich legte den langen Weg zu Fuß zurück, um das Fahrgeld zu sparen –, traf ich meine Mutter nach dem Essen sehr oft in der Wohnstube an, wo sie auf dem alten, gemütlichen Sofa in ihrer Bibel las. Wir wohnten in der Voßstraße, kurz vor der Ecke Wilhelmstraße, im fünften Stockwerk des Reichsverkehrsministeriums. Vor einigen Jahren waren wir aus dem Norden Berlins, vom Gesundbrunnen, hierher verzogen. Mein Vater war als kleiner Beamter in diesem Ministerium tätig, ganz auf der untersten Stufe der Hierarchie des Hauses. Sein Gehalt reichte gerade zum Notwendigsten. Für irgendwelchen Komfort blieb nichts übrig. Das höchste war die alljährliche Sommerreise, die sich meine Eltern gönnten und an der ich auch zweimal teilnehmen durfte. Später ging ich eigene Wege.

So einfach es in unserer Familie auch zuging – es war bei uns gemütlich, vor allem in jener Ecke des Wohnzimmers, in der meine Mutter abends so gern saß. Neben ihr, auf einer Decke – zur Schonung des Sofas – lag unsere Katze »Lotte«. Diesen Namen hatte sie von mir in Erinnerung an ein Mädchen, das ich als Vierzehnjähriger innig liebte, ohne je auf Gegenliebe gestoßen zu sein.

Mutter saß also sehr oft dort und las in ihrer Bibel, was zu ihren schönsten Feierabendbeschäftigungen gehörte. Wenn ich es rechtzeitig mitbekam, verdrückte ich mich. Doch manchmal gelang es mir nicht mehr, und ich stolperte in die Bibellesestunde meiner Mutter.

»Ach Willi«, sagte sie dann, »lies mir doch ein bißchen vor. Meine Augen wollen nicht mehr so recht.«

Ich wußte genau, daß die Augen meiner Mutter noch ziemlich gut waren, aber sie suchte nach einer Gelegenheit, mich wieder an die Bibel heranzubringen und darüber mit mir zu sprechen. Oft genug tat ich ihr den Gefallen und las ihr vor. Aber nach dem letzten Satz stand ich sofort auf und schützte etwas Dringendes vor, weshalb ich noch einmal weggehen müßte. Einmal jedoch gelang es mir nicht.

Als ich in die Stube kam, sah ich sofort, daß meine Mutter wirklich sehr müde und abgeschafft aussah. Sie sagte diesmal nichts, sondern blickte mich nur bittend an.

Ich habe meine Mutter sehr geliebt. Sie war es, die bei aller Genauigkeit und Korrektheit und bei den vielen Krankheiten, die sie durchmachen mußte, immer das ausgleichende Element in unserer Familie blieb. Gab es einmal mit Vater Krach, dann ging sie dazwischen, damit es nicht zu arg wurde. Hatte sich jemand weh getan, dann versuchte sie mit rührender Liebe, den Schmerz zu lindern. Stimmte etwas in der Familie nicht, dann konnte man es spüren, daß sie alles im Gebet vor Gott brachte und es auf ihrem Herzen trug.

Ich sah also, daß Mutter müde war. Das alte Bibelbuch lag auf ihrem Schoß, weil es ihre abgearbeiteten Hände nicht halten konnten.

Da ging ich zu ihr hin, nahm das Buch in die Hand und blickte sie fragend an. Sie zeigte auf den Abschnitt, den sie gern hören wollte, und ich las ihn laut vor.

Ich kann nicht mehr sagen, um welche Schriftstelle es sich gehandelt hat. Als ich aber auch diesmal nach dem Lesen sofort aufstehen und fortgehen wollte, hielt sie mich fest.

»Willi«, so ungefähr sprach sie, »Willi, du solltest mir das nicht nur vorlesen, du solltest darüber auch mit mir nachdenken.«

Ich schüttelte den Kopf.

»Wozu?« fragte ich. »Ich glaube nicht an das, was da steht. Ich kann dir diesen Gefallen leider nicht tun.«

»Das solltest du nicht sagen«, entgegnete meine Mutter. »Es ist Gottes Wort, und dieses Gotteswort hat auch für dich entscheidende Bedeutung.«

»Ich glaube nicht an deinen Gott«, sagte ich. »Kannst du mir sagen, wo er ist? Ich sehe ihn nicht. Ich kann nur an das glauben, was ich sehe.«

»Junge!« Meine Mutter blickte mich erschrocken an. »Versündige dich nicht. Auch du bist Gottes Kind.«

Ich schüttelte wieder den Kopf, nun schon ein bißchen heftiger.

»Weißt du«, sagte ich, »das ist etwas für alte Leute. Mir kannst du damit nicht mehr kommen, ich weiß es besser.«

Mit diesen Worten hielt ich unser Gespräch für beendet. Aber meine Mutter war noch nicht soweit, sie gab noch nicht auf.

»Als du klein warst«, sagte sie, »da haben wir immer miteinander gebetet. Ich würde das so gern auch jetzt wieder einmal mit dir tun. Lass' uns doch ein Vaterunser sprechen.«

In diesem Augenblick sprang ich entsetzt auf. Ich vergaß alle Liebe zu meiner Mutter. Wütend blickte ich sie an und sagte aus dieser Wut heraus auch die Worte: »Lass' mich zufrieden mit deinem Quatsch! Du kannst ja glauben und beten, was du willst. Meinetwegen rede in die leere Luft hinein, wenn du glaubst, daß es einer hört, aber laß mich in Ruhe, ein für allemal.«

Nach diesen Worten bin ich aus dem Zimmer gelaufen und habe die Tür hinter mir zugeschlagen. Vorher konnte ich noch sehen, obgleich ich es bestimmt nicht sehen wollte, daß meiner Mutter Tränen über die Wangen liefen.

Es wurde für mich ein böser Abend. Ich lief durch die Straßen, blind und taub für alles, was um mich her vor sich ging. Der abendliche Verkehr in der Leipziger Straße berührte mich genauso wenig wie die vielfältige bunte Lichtreklame am Potsdamer Platz. Ich lief die Stresemannstraße hinunter, die damals wohl noch Königgrätzer Straße hieß, lief durch die Anhalter Straße und stand unversehens an der Ecke Wilhelmstraße vor meinem Freund Werner.

Der hat mir gerade noch gefehlt, dachte ich. Im letzten Augenblick versuchte ich noch, an ihm vorbeizukommen; aber der »Dicke«, wie er im Freundeskreis hieß, hatte mich schon erwischt.

»Hoppla, was ist denn mit dir los?« wollte er wissen. Dabei hielt er mich am Jackenärmel fest.

Werner wohnte in dem Häuserblock zwischen Wilhelmstraße, Voßstraße und Leipziger Straße, in dem auch unsere Wohnung lag. Sein Vater war ebenfalls Beamter, nur daß er zum Preußischen Landwirtschaftsministerium gehörte. Wir kannten uns seit etwa zwei Jahren, gingen ab und an abends miteinander durch die Straßen und tauschten unsere Erlebnisse und auch unsere Briefmarken aus. Werner ging auf die höhere Schule, doch das war kein Hinderungsgrund für unsere Freundschaft, die von Monat zu Monat fester wurde. Dazu trug wesentlich ein Ereignis bei, das für uns beide nicht gerade erfreulich war.

Wir waren – wie schon gesagt – Briefmarkensammler und wagten es ab und zu, nach Dienstschluß in die Räume der höheren Ministerialbeamten zu gehen und in den Papierkörben nach Briefmarken zu stöbern, die achtlos weggeworfen wurden. Eines Tages erwischte uns der noch einmal zurückkommende Geheimrat für die Hausangelegenheiten des Reichsverkehrsministeriums. Sein geheimrätliches Entsetzen über solche Übeltäter war erheblich und die Standpauke, die wir uns anhören mußten, nicht von Pappe. Mit hochroten Köpfen zogen wir ab. Damit aber nicht genug. Der Herr Geheimrat ließ meinen Vater kommen und hielt auch diesem eine geharnischte Strafrede. Das wiederum reichte dazu, mit gleichzeitiger Weitergabe der Sache an den Vater meines Freundes, daß wir beide anschließend daheim nicht nur Krach, sondern auch erheblich gerötete Gesichtshälften hatten. Nun, das war unserer Freundschaft eher zuträglich und ließ sie nur noch fester werden.

Werner stand also vor mir und hielt mich an. Er hatte

sofort an meinem Gesicht gesehen, daß irgend etwas nicht stimmte.

»Was ist los« wollte er wissen. Und als ich nicht antwortete, blieb er einfach an meiner Seite und erklärte: »Dann gehe ich eben mit dir.«

Es dauerte nicht lange, da erzählte ich ihm alles und fügte zum Schluß den Satz hinzu: »Aber du bist ja auch so'n komischer Heini, der den ganzen Quatsch in der Bibel glaubt. Du gehst ja sogar in deinen frommen Verein.«

Werner, zwei Jahre älter als ich, ging nicht nur in einen von mir als fromm bezeichneten Verein, er leitete ihn sogar. Es war ein »Gemeinde – CVJM«, oder wie er sich damals nannte: der »Jungmännerverein der Dreifaltigkeitsgemeinde«. In diesen Verein wollte Werner mich schon lange mitnehmen, was ich bisher aber abgelehnt hatte.

»Du«, sagte er plötzlich, ganz von unserem Gesprächsthema abweichend, »wir brauchen einen Bücherwart für unsere Bibliothek.«

Ich sah den Freund zuerst kopfschüttelnd, dann aber doch ein wenig interessiert an.

»Was hast du gesagt, einen Bücherwart braucht ihr? Du willst mich damit ja bloß einfangen. Ne, mein Lieber, spare dir die Mühe!«

Doch Gottes Wege sind seltsam, auch die Umwege, die er mit uns geht. Einer dieser Umwege hieß für mich »Bücherwart im Ev. Jungmännerverein«.

Keine vierzehn Tage später gab ich dem Drängen Werners nach und sagte ihm zu. Der Grund: Ich las schon damals für mein Leben gern und hoffte auf die vielen Bücher, die ich nun zu betreuen hatte.

Natürlich gab es in diesem Verein auch noch anderes. Da waren die Spielabende, Diskussionen über mancherlei Themen, Wochenendfahrten mit und ohne Lagerfeuer und – die Bibelabende. An diesen mußte jedes Mitglied der Jungmännergruppe teilnehmen. Das war Pflicht, darin verstand mein Freund Werner keinen Spaß. Ich habe gemeutert, gewitzelt und gemeckert. Es half nichts, ich mußte mitmachen.

Und so kam es, wie es kommen mußte – eines Tages gab es den ganz großen Krach.

Wir saßen zur Bibelstunde versammelt. Eigentlich sollte das immer eine Gesprächs- und Arbeitsstunde sein, doch das gelang manchmal nicht. Mitunter hatte mein Freund Werner so viele Gedanken, die er uns sagen wollte, daß kein Gespräch zustande kam. An diesem Abend aber gab es eine Diskussion, eine sehr heftige sogar. Mein Freund hatte das Bibelwort aus dem Alten Testament gewählt, Psalm 50, Vers 15: »Rufe mich an in der Not, so will ich dich erretten, und du sollst mich preisen.« Ich hatte in diesem Augenblick keine Ahnung, daß es das Wort war, das für mein ganzes Leben entscheidend werden sollte. Statt dessen lachte ich laut und sagte: »So'n Blödsinn – so will ich dich erretten. Wer denn – wer will denn wen erretten?«

»Hier spricht Gott zu uns«, sagte Werner ganz ruhig. »Der Psalmsänger, der dies geschrieben hat, gibt seine Erfahrungen mit Gott wieder.«

Es entstand ein lebhaftes Gespräch, ein Hin und Her im Für und Wider. Dann meldete ich mich.

»Das ist doch idiotisch«, sagte ich. »Glaubt ihr wirklich, daß da einer ist, der es hört, wenn wir rufen? Für einen solchen Kinderglauben sollten wir uns doch zu gut sein. Wer es durchaus nicht lassen will, dem soll man seinen Glauben nicht nehmen. Aber es gibt heute doch andere Erkenntnisse, in denen der liebe Gott – wenigstens für mich – keinen Platz hat.«

Damit stand ich demonstrativ auf und wollte den Raum verlassen.

Es gab einen schweren Tumult. Bestimmt nicht alle in diesem Kreis waren der Meinung meines Freundes

Werner, aber noch nie hatte es einer gewagt, ihm so zu widersprechen.

Mein Freund blieb ruhig, wenigstens bis zum Schluß des Abends. Er bekam es sogar fertig, daß ich den Raum nicht verließ. Ich wartete etwas abseits, bis die anderen mit ihrer Bibelbesprechung fertig waren. Ich versuchte indessen, nicht hinzuhören, obgleich mir nach dem Tumult gar nicht froh zumute war. Später, auf dem Heimweg, hielt mir dann Werner eine Standpauke. Ich hatte sie erwartet und mich dagegen gewappnet. Unser Streitgespräch, das bis nach Mitternacht dauerte, wobei wir immer von einer Haustür zur anderen gingen, endete scheinbar unentschieden. Doch ganz zum Schluß, ehe wir auseinandergingen, sagte mir Werner etwas, das mir sehr nachging: »Ich hoffe, daß du nicht schon bald in eine Notlage kommst, in der du an dieses Wort denken mußt. Vielleicht möchtest du dann zu Gott um Hilfe schreien und kannst es nicht.«

Ein Jahr später machte ich zusammen mit meiner Schwester Urlaub. Beide liebten wir die Berge, und ich konnte mir damals für einen Urlaub nichts Schöneres vorstellen, als eine Wander- und Klettertour durch die Bergwelt der Alpen. Wir haben solche Partien mit und ohne Bergführer unternommen, was natürlich von der Schwierigkeit der Wanderung abhing.

Einmal ging es ins Ötztal. Ich kannte es bereits von einer früheren Ferienreise mit meinen Eltern, die sich den Urlaub nur deshalb leisten konnten, weil mein Vater als Beamter im Reichsverkehrsministerium Freifahrscheine bekam. Der Acherkogel und der Pieburger See waren uns vertraute Schönheiten, die wir sehr liebten.

Dieses Mal sollte es aber weiter hinaufgehen. Geplant war eine Wanderung durch das ganze Ötztal bis

Sölden. Von dort aus wollten wir hinauf zu einer bekannten Berghütte und dann über den Grat hinweg am Zuckerhütel vorbei hinüber ins Stubaital. Natürlich benötigten wir dazu einen schweren Rucksack, derbe Bergstiefel und den unentbehrlichen festen Stock. Bei schönstem Wetter kamen wir ganz munter und fidel bis zu einem Ort im mittleren Ötztal. Hier machten wir einen Tag Pause. Dieser Ruhetag aber wurde mir um ein Haar zum Verhängnis.

Aus irgendeinem Grund, den ich nicht mehr weiß, kam es am Abend in unserem Quartier bei einem der damals bekannten Bergführer des Tales zwischen meiner Schwester und mir zu einem Krach. Sie glaubte, im Recht zu sein, und ich glaubte das auch. Mit Zorn im Herzen gingen wir zu Bett. Der andere Tag sollte ein Ruhetag sein.

Mich ließ der Krach nicht zur Ruhe kommen. Mein Zorn über die von mir angenommene Rechthaberei meiner Schwester war zu groß, woran nicht zuletzt auch der Altersunterschied zwischen uns schuld war. Meine Schwester ist sieben Jahre älter als ich. Das aber kann ein Junge manchmal schwer verkraften.

Ich schlief in jener Nacht sehr schlecht und war bereits um vier Uhr morgens völlig munter. Als ich leise aufstand und zum Fenster hinausblickte, war es schon fast hell. Die Bergspitzen wurden von den ersten Strahlen der aufgehenden Sonne in ein rötliches Gold getaucht. Ich zog mich rasch an, schrieb auf einen Zettel ein paar Zeilen und verließ dann auf leisen Sohlen das Haus.

Am Tag zuvor hatten wir davon gesprochen, daß es schön sein müßte, auf einen der nahegelegenen Gletscher einen Abstecher zu machen. Die Entfernung zu dem kleinen Seitental war nicht groß, aber der Anstieg ziemlich steil und über das Gletscherfeld hinweg auch nicht ungefährlich. Die Gefahr lag vor allem in der Jahreszeit. Oft genug kommt es vor, daß in den Wochen nach Pfingsten die Sonne dort oben riesige Felsblöcke aus dem Berg sprengt, indem sie das Eis in den Felsspalten zum Schmelzen bringt, wobei sich eine Art »Gasdruck« entwickelt.

Fast mechanisch nahmen meine Füße den Weg dort hinauf. Ich traute mir zu, es zu schaffen und den Gletscher in dem verhältnismäßig engen Hochtal zu überwinden.

Der Anstieg bis zum nächsten, ganz in der Einödshöhe gelegenen Dörfchen dauerte gut zwei Stunden. Als ich die Häuser des winzigen Fleckens hinter mir hatte, blieb ich an dem Gatter, das die Bergwiesen abschloß, aufatmend stehen und wischte mir den Schweiß von Stirn und Hals. In dieser Höhe war es schon kurz nach sechs Uhr in der Sonne recht warm.

Ich blickte mich um. Was ich sah, ließ alle Mühe vergessen. Es war ein unbeschreiblich schöner Blick auf die blaue Tiefe des Ötztales und hinüber zu den anderen Bergen sowie in die Höhe zu den Gurgeler Gletschern. Ich wandte mich um und schätzte die Entfernung ab, die ich noch auf dem von mir vorgenommenen Weg zu steigen hatte. Noch einmal zwei Stunden oder mehr würde es dauern.

Ich bemerkte den Alten nicht, der im letzten Haus des Dörfchens am Fenster stand und mich beobachtete. Er wurde mein Lebensretter.

Bald stieg ich wieder steil bergauf. Am Ende der Bergwiese führte der Weg hinein in die Wand, die von dem Gletscherabbruch gebildet wurde. Dicht neben mir brauste der eisige Bach in die Tiefe, mich ab und an mit Spritzern überschüttend. Der Weg wurde zum schmalen Pfad, kaum noch erkennbar zwischen den mächtigen Felsbrocken, die der Gletscherbach öfter in die Tiefe stürzte. Oft mußte ich auf allen Vieren kriechen. Immer wieder einmal blieb ich stehen, um Atem zu holen und den wunderbaren Blick hinunter und nach oben zu den Gipfeln zu genießen. Endlich stand ich am eigentlichen Gletscherrand. Die letzten Felsen waren überwunden, vor mir dehnte sich das Gletscherfeld.

Ich muß dazu berichten, daß es der erste Gletscher war, den ich betrat. Bei allen bisherigen Bergwanderungen hatte ich so etwas noch nicht erlebt. Soweit ich sehen konnte – bis hin zu den Bergwänden, die den Gletscher begrenzten und bis zu dreitausend Meter hoch waren – nichts als blendendes, makelloses Weiß. Ich schloß einen Moment die Augen und versuchte dann, einen Weg über Schnee und Eis hinweg zu nehmen.

Natürlich hatte ich schon von gefährlichen und tükkischen Gletscherspalten gehört. Vor denen mußte ich mich bestimmt vorsehen. Wo sie sich aber befanden, und wie man sie erkennen konnte, das wußte ich nicht. Um keine Vorsicht außer acht zu lassen, hielt ich mich links und marschierte in der Nähe der dort aufragenden Bergwände entlang.

Ich hatte wohl schon die Hälfte des Gletschers hinter mir, da geschah es.

Diese sicherlich äußerst leichtsinnige Tour kam ja aus Trotz über den Krach mit meiner Schwester zustande. Ich wollte ihr einfach beweisen, daß ich es auch ohne sie konnte. Daß dazu nicht unbedingt ein Bergführer nötig wäre, wollte ich auch dokumentieren. Während des Steigens hatte ich diese Gedanken immer wieder in mir bewegt. Je höher ich aber kam, um so weniger dachte ich daran, denn die Großartigkeit der Bergwelt nahm mich ganz gefangen.

Und dann gab es einen Knall, den ich niemals vergessen werde. Er durchbrach die Stille mit einer solchen Gewalt, daß ich im selben Augenblick wie gelähmt dastand. Unwillkürlich ging mein Blick in die

Höhe über mir, von wo der Knall gekommen war. Da sah ich den Tod auf mich zukommen – in Gestalt eines gewaltigen Felsblocks, der über mir aus einer Höhe von etwa drei- bis vierhundert Metern herunterstürzte, genau auf mich herab. Ich war vor Schreck so gelähmt, daß ich mich nicht rühren konnte. Meine Füße schienen bewegungslos zu sein. Ich muß dann einfach zusammengerutscht sein und stürzte auf das Gletschereis. Den Kopf preßte ich so tief es ging auf das Eis und wartete auf den Tod.

Was in diesen Sekunden geschah, war mehr als seltsam. Mir ging es wie vielen Menschen, von denen ich gelesen hatte: Vor meinem inneren Auge zog in Bruchteilen von Sekunden mein bisheriges Leben an mir vorüber: Elternhaus und Familie, die Heilstätten in Belzig, der Streit mit meiner Mutter um das Beten, die Gespräche mit meinem Freund und der Krach über das Bibelwort in der Vereinsstunde – alles war dabei. Dazu kam ein unendliches Bedauern und ein klein wenig auch der Gedanke: Schade, nun ist es zu spät! Was jedoch zu spät war – dazu reichte mein Denken in diesen Sekunden nicht aus.

Es gab einen zweiten Knall, vielleicht noch schrecklicher als den ersten. Danach hörte ich ein mächtiges Poltern und Prasseln um mich herum in das Gletschereis hinein – und dann war es plötzlich wieder ganz still – so lautlos still, wie es nur dort oben sein kann.

Ich habe in diesen Augenblicken wohl geglaubt, daß es die Stille des Todes sei. Bald aber merkte ich, vor allem an der Kälte, die von dem Eis her in mir hochkroch, daß ich lebte. Es mußte etwas Außerordentliches geschehen sein, das mir das Leben gerettet hatte.

Vorsichtig, noch etwas ungläubig, blickte ich hoch. Und da sah ich es: Etwa hundert Meter über mir ragte aus der Wand eine große Felsnase heraus, auf der der Felsblock wohl aufgeschlagen und dann in viele Teile zersplittert war. Diese lagen weit zerstreut um mich herum.

Fassen konnte ich es noch nicht. Ich vermochte überhaupt keinen klaren Gedanken zu denken. Mechanisch richtete ich mich auf. Meine Benommenheit war noch so groß, daß ich das nächste Unheil erst viel später bemerkte. Ich stolperte einige Schritte voran, unwillkürlich hinab in Richtung des Tales – da merkte ich es. Ich sah nichts mehr. Mein Augenlicht versagte – richtiger ausgedrückt: die Sehkraft meiner Augen. Um mich herum war alles schwarz und finster. Schneeblind! Vergeblich griff ich in die Tasche meiner Jacke. Ich hatte die Sonnenbrille vergessen, ohne die man keinen Gletscher betreten sollte.

Jetzt erst griff das große Entsetzen nach mir. Hilflos mit dem Stock tastend, versuchte ich einige Schritte zu machen, um gleich wieder stehenzubleiben. Welches war denn die Richtung, die ich einschlagen mußte? Ich wußte es nicht. Wie kam ich von diesem Gletscher herunter? Ich wußte es nicht. Und wie bemerkte ich rechtzeitig die sich bei dieser starken Sonnenstrahlung öffnenden Gletscherspalten? Ich wußte nichts mehr. Nur das eine schien mir sicher: Ich war verloren. Nie mehr würde ich von dieser Höhe herunterkommen können, wenn ich nicht etwa bei einem nächsten Schritt in die Tiefe stürzte. »O Gott, hilf mir!« Das war mein Stoßgebet, seit Jahren das erste, das ich sprach oder auch nur dachte. Ich hockte mich hin, wo ich gerade stand, legte die Hände über die Augen und ließ den Tränen tiefster Erschütterung freien Lauf.

So haben sie mich später gefunden – der Bergführer, bei dem wir wohnten, und die Männer, die mit ihm aufgebrochen waren. Der Zettel, den meine Schwester beim Erwachen fand, alarmierte sie und die anderen Menschen im Hause. Bald danach brach die kleine Truppe auf. Durch unser Gespräch am Vortage konnte meine Schwester den Männern einen kleinen Fingerzeig geben. Als sie dann durch das Hochgebirgsdörfchen zogen, erhielten sie für die eingeschlagene Richtung die Bestätigung durch den alten Mann, der mich von seinem Fenster aus beobachtet hatte. Sie fanden mich unmittelbar vor einem Spalt hockend, der sich in dem Eis aufgetan hatte.

»O Gott, hilf mir!« hatte ich gedacht, dort oben in der schrecklichen Gefahr. Tiefe Dankbarkeit kam in mir auf, als mich die Männer mit einer nicht zu knapp bemessenen Strafpredigt über meinen Leichtsinn in Empfang nahmen. Es war eine Dankbarkeit, die in mir einen ersten Bruch verursachte in das Eis, das mein Herz seit Belzig gefangenhielt.

Ein erster Riß, mehr war es nicht. Aber dieser Riß bereitete alles auf das Erlebnis vor, mit dem Gott mich mehr als ein Jahr später packte und dann nicht mehr losließ.

3.

In dieser Zeit hatte ich angefangen, die Abendschule zu besuchen. Auch belegte ich Kurse an der Akademie für Bildende Künste. Mein besonderes Hobby war Portraitzeichnen, in dem ich es zur Freude meines verehrten Lehrers zu einer gewissen künstlerischen Fertigkeit gebracht hatte. In meinem Beruf war ich inzwischen so weit gekommen, daß ich der Abschlußprüfung ohne Bedenken entgegensah. Ich hoffte, sie mit »sehr gut« zu bestehen, was dann später auch so wurde.

Im Sommer nach dem Ereignis im Ötztal (wir hatten unsere Wanderung nicht abgebrochen, sondern unternahmen eine wunderbare Hochtour in Schnee und Eis, natürlich mit Bergführer), verreisten meine Eltern in den Urlaubstagen meines Vaters wiederum ins Gebirge. Meine Schwester und ich waren allein und schlugen uns – was die Verpflegung betrifft – recht und schlecht durch. Jeder von uns ging abends seine Wege. Ich verbrachte die meiste Zeit mit den Freunden, die alle zum Dreifaltigkeits-Gemeindeverein des CVJM in der Wilhelmstraße gehörten.

Es war an einem sehr heißen Tag. In der Werkstatt, in der ich nun das letzte Jahr lernte, gab es nicht allzuviel zu tun, was auf einen pünktlichen Feierabend hoffen ließ. Kurz nach der Mittagspause kam mein Chef zu mir und meinte, er habe für mich einen guten Auftrag. Es sei mehr ein Gefallen, den ich ihm, bzw. einer Ärztin tun sollte.

»Du fährst«, sagte er, »mit dem Bus zum Wedding und gehst dann in die Straße, in der die Ärztin bisher ihre Praxis hatte. Dort befindet sich unten neben der Haustür auf einem Holzrahmen ein Glasschild. Das schraubst du ab, gehst damit zwei Straßen weiter und bringst es auf einem schon vorhandenen Holzrahmen neben dem neuen Praxiseingang wieder an. Wenn du fertig bist, kannst du Feierabend machen.«

Das ließ ich mir nicht zweimal sagen. Wenn ich mich beeilte, gewann ich mindestens eine Stunde Zeit. Das bedeutete, ich konnte früher ins Schwimmstadion hinausfahren, wo sich am Spätnachmittag der Freundeskreis treffen wollte. Ich nahm meine Tasche, steckte einen Schraubenzieher ein und machte mich auf den Weg.

Alles klappte. Ich bekam sofort den rechten Anschluß und war bereits fünfundvierzig Minuten später vor der bezeichneten Haustür in einer kleinen Seitenstraße auf dem Wedding. Weil es hier nur wenig Durchgangsverkehr gab, war sie zu einer rechten Spielstraße für Kinder geworden. Ich setzte meine Mappe ab, nahm den Schraubenzieher heraus und machte mich an die Arbeit.

Zunächst schien alles gut zu gehen. Zwei Schrauben waren bereits entfernt. Doch die dritte wollte sich nur schlecht bewegen lassen, und am Ende ging sie weder links noch rechts herum. Wie gesagt, an diesem Tag war es sehr heiß. Ich wischte mir erst einmal den Schweiß von der Stirn und setzte dann wieder an. Vergeblich, die Schraube widerstand allen meinen Bemühungen. Sicher hatte der Rost daran schuld, der sich um die Schraube in dem Loch des Eichenrahmens gebildet hatte. Hier konnte nur eine Flachzange helfen. Leider hatte ich keine mitgenommen, denn mit einem solchen Fall war nicht unbedingt zu rechnen.

Langsam packte mich der Zorn. Ein Blick auf die Uhr zeigte mir, daß der erhoffte Zeitgewinn dahinschwand. Ich mußte also etwas tun, das der Sache ein Ende bereitete.

Zunächst versuchte ich es mit den Fingern, die Schraube zu lockern. Bald gab ich es aber auf, denn ich hatte mich an der scharfen Kante der Schraube gerissen. Ich nahm wieder den Schraubenzieher und klopfte mit dem Stiel von oben nach unten. Ich wiederholte es. Als auch das nichts nützte, drückte ich endlich mit aller Gewalt von unten her gegen das widerspenstige Stück.

Und da geschah es. Plötzlich gab es einen mächtigen Ruck. Ich bekam einen Schlag gegen den Kopf und stellte im gleichen Augenblick fest, daß ich völlig im Dunkeln stand.

In den ersten Sekunden, ehe noch der Schmerz einsetzte, war mir nicht klar, was da geschehen sein mußte. Dann aber spürte ich etwas Warmes über mein Gesicht laufen, und als ich zum Kopf griff, merkte ich erst, daß ich den Schraubenzieher nicht mehr in der Hand hielt und mir etwas Klebriges über die Wangen lief.

Ich griff noch einmal zu und fühlte entsetzt, daß der

Schraubenzieher in meinem rechten Auge steckte. Von diesem Augenblick an handelte ich wohl ohne Überlegung. Ich griff zu, riß den Schraubenzieher heraus, spürte, wie mir das Blut über das Gesicht rann, griff in die Hosentasche und preßte das Taschentuch über die Augen. Ich hörte, wie hinter mir ein paar Frauen entsetzt aufschrien.

Ich muß noch meine Tasche, die zu meinen Füßen lag, gegriffen haben und bin dann an den Häuserwänden entlang auf die nächste Straßenecke zugelaufen. Gesehen habe ich nichts, auch auf dem anderen Auge nicht. Ich habe nur mit einer merkwürdigen inneren Klarheit gewußt, daß sich gleich hinter der Ecke eine sogenannte »Rettungswache« befand, wie es sie damals in Berlin gab. Die hatte ich wohl bei meinem Herweg bemerkt.

Dort fiel ich dem diensthabenden Arzt in die Arme. Alles andere ging sehr schnell. Da der Rettungswagen gerade unterwegs war, wurde ich in Begleitung einer Schwester in ein Taxi gesetzt und zum Virchowkrankenhaus gefahren.

Die Fahrt dorthin war für mich furchtbar. Jäh packte mich die Erkenntnis, ich könnte blind sein und es für mein ganzes Leben bleiben. Der Arzt auf der Rettungswache war meinen diesbezüglichen Fragen ausgewichen. Er hatte die Augen und den ganzen Kopf verbunden und auf schnellsten Transport zur Augenstation des Rudolf-Virchow-Krankenhauses gedrängt.

Bin ich blind? Muß ich blind bleiben? Was soll mit meiner Arbeit werden? Einen Beruf, wie ich ihn erlernte, konnte man nicht ohne gute Augen ausüben. Sollte mein ganzes Leben verpfuscht sein? Dann würde es nicht nur um mich herum, sondern auch in mir dunkel sein. Diese Gedanken quälten mich auf der Fahrt und brannten wie Feuer in meinem Inneren.

Man nahm mich an der Pforte in Empfang. Der Arzt

der Rettungswache hatte bereits angerufen und mich gemeldet. Eine Schwester führte mich zur Augenstation, einem Pavillon im Park des Krankenhauses. Auch der Professor war verständigt worden und würde, wie mir die Schwester sagte, sofort kommen.

Endlich saß ich auf einem großen Behandlungsstuhl. Ich wurde fest angeschnallt, auch die Hände durfte ich nicht bewegen. Langsam wurde der Stuhl nach hinten gekippt, und dann spürte ich die kühlen Hände des Arztes auf meinem Gesicht. Während er vorsichtig den Verband löste, fragte er mich nach dem Hergang des Unfalls. Ich gab Antwort, so gut es mir möglich war. Meine Gedanken aber richteten sich ausschließlich auf die eine Frage: Bin ich blind?

Plötzlich spürte ich Wärme auf meinem Gesicht und den Einstich einer Spritze. Der Professor – daß es der Chef der Augenklinik selbst war, hatte ich aus der Unterhaltung zwischen ihm und den Schwestern herausgehört – hob mit irgendwelchen Instrumenten meine Augenlider ab, und dann – ja dann kam die Frage, auf die ich die ganze Zeit gewartet hatte: »Können Sie etwas sehen?«

Der Professor ließ mir Zeit für eine Antwort, fragte dann aber noch einmal: »Können Sie etwas sehen, auch wenn es nur ein kleiner Lichtschimmer ist?«

Ich wollte den Kopf schütteln, aber der war festgeschnallt, so mußte ich mit leiser, verzweifelt klingender Stimme antworten: »Nein, ich kann nichts sehen.«

»Bitte«, sagte der Professor, »bitte, strengen Sie sich noch einmal besonders an. Es ist wichtig, auch wenn es nur ein winziger Schimmer wäre.«

Wieder mußte ich verneinen. Danach hantierten der Arzt und die Schwestern eine Weile schweigend an meinen Augen, und dann wurde mir der ganze Kopf wieder verbunden.

Man richtete den Stuhl auf und schnallte mich los. In

diesem Augenblick griff ich zu. Meine Hände bekamen den Arztkittel des Professors zu fassen.

»Herr Professor, bin ich blind, muß ich blind bleiben?» Ich schrie es aus meiner Dunkelheit heraus dem Mann entgegen, der beinahe liebevoll versuchte, meine Hände von seinem Kittel, den ich in der Erregung zerrissen hatte, zu lösen.

Er nahm meine Hände fest in die seinen, hielt sie einen Augenblick und sagte dann: »Ich weiß es noch nicht. Ich will Ihnen nicht alle Hoffnung nehmen. Aber wie es aussieht, scheint nichts mehr zu machen zu sein. Es müßte ein Wunder geschehen, und an Wunder glaube ich nicht, mein Junge.«

Das hat damals der Professor zu mir gesagt, liebevoll und doch so nüchtern, daß mir alle Hoffnung schwand. Merkwürdigerweise traf mich am härtesten, daß er sagte: »Und an Wunder glaube ich nicht!«

Später erfuhr ich, dieser Professor war damals die erste Kapazität auf diesem Gebiet, ein Jude, der bald Schweres erdulden mußte. Ich habe ihn sehr gern gehabt, trotz der Härte, mit der er zu mir sprach. Ich liebte ihn geradezu, weil er bei aller Wahrheitsliebe so zart und gut sein konnte. Nun aber traf mich dieses Urteil wie ein Keulenschlag. Blind! Ein ganzes Leben lang blind!

Die Schwester, die mich hinausführte, mußte mich festhalten. Ohne ihre Hilfe hätte ich nicht gehen können. Außerdem setzte nun das Fieber ein.

Einige Minuten mußte ich auf einer Bank im Gang sitzen, als das Bett für mich gerichtet wurde.

Da saß ich nun. Über mich war das Urteil gesprochen. Mein Leben war im Grunde zu Ende, auch wenn ich noch weiter lebte. Mein geliebter Beruf – was sollte aus ihm werden? Die Verzweiflung kam in mir hoch. Das konnte doch nicht das Letzte sein! Es mußte doch noch einen Ausweg aus diesem schrecklichen Zustand geben. Meine Eltern kamen mir in den Sinn, die im Urlaub waren und nicht ahnten, was mit mir geschehen war. An meine Schwester dachte ich, die heute abend vergeblich auf mich warten würde. Meine Freunde, mein Verein. Halt! Da war doch etwas, das ich gehört hatte. Einige Zeit war es schon her, aber jetzt kam es mir ganz deutlich in den Sinn: »Rufe mich an in der Not, so will ich dich erretten, und du sollst mich preisen!«

Wer hatte das gesagt? Werner? Nein, der Mann aus der Bibel, aus dem Volk Israel. »Rufe mich an in der Not!« Ich war doch in Not, in einer furchtbaren Not.

»Hier hilft nur ein Wunder«, hatte der Professor gesagt, doch er selbst würde an kein Wunder glauben. Aber galt das auch für mich? Konnte ich nicht an ein Wunder glauben? Ich mußte nur – ja, was denn? Ich mußte nur Gott anrufen. Wie denn? Hatte ich dazu noch ein Recht nach allem, was Gott an mir getan und was ich nicht beachtet hatte? Würde er nun, da ich in solch einer schrecklichen Not war, mein Rufen hören?

Aber plötzlich schob ich alle Fragen beiseite. Das Wort mußte doch stimmen, sonst würde es nicht in der Bibel stehen. Also konnte ich mich auch darauf verlassen und Gott anrufen.

Unwillkürlich fanden sich meine Hände zusammen, sie verkrampften sich, und ich flüsterte: O Gott, wenn du da bist, und wenn das wahr ist, was in der Bibel steht, dann mußt du mir jetzt helfen, du mußt, hörst du!«

Ich habe wohl die Zeit hindurch auf dem Flur allein gesessen, denn es gelang mir, ohne daß es jemand bemerkte, den Verband vom Kopf zu reißen, bis auch die Augen frei waren. Verzweifelt starrte ich in die Gegend. Ich mußte sehen! Es mußte doch so sein!

Aber ich sah keinen Schimmer. In diesem Augenblick brach alles in mir zusammen. Der ganze Trotz, der in mir steckte, die zornige Verzweiflung des »Gott, du mußt!« Ich sackte auf der Bank in mich zusammen und konnte nur stammeln: »Ach lieber Herr, wenn du da bist, wenn du dieses Wort den Menschen hast sagen lassen – dann bitte, bitte, dann hilf doch auch mir in meiner furchtbaren Not!«

Danach muß ich die zweite Dummheit begangen haben, eine Dummheit aber, die mir mein erschütternstes Erlebnis brachte. Irgendwie muß es mich gepackt haben, denn zugleich mit meinem Beten, das mehr ein Betteln vor Gott war, streifte ich noch einmal den Verband zurück, zog die dick verschwollenen Augenlider gewaltsam auseinander und schrie plötzlich laut auf. Immer wieder schrie ich es in die Stille des Ganges, in dem ich saß: »Ich sehe! Ich kann sehen! O Gott, ich kann doch sehen!«

Die Schwester kam aus dem Zimmer gelaufen, in dem sie mein Bett richtete. Sie stand entsetzt vor mir und wollte mir die Hände vom Gesicht reißen, aber ich ließ einfach nicht los und schrie immer wieder: »Ich sehe! Ich kann sehen!«

Was ich sah, war nichts anderes als ein schwacher Lichtschimmer, der mal heller mal dunkler wurde. Es waren die Blätter der Bäume vor dem Fenster draußen im Park, die sich bewegten.

Da ich mit meinem Schreien nicht nachließ und es der Schwester nicht gelang, mir den Verband wieder anzulegen, lief sie davon, um den Arzt zu holen. Sie hatte Angst, ich könnte bei der schrecklichen Wunde eine Blutvergiftung bekommen.

Der Professor, der noch bei einem anderen Patienten in der Nähe war, kam sofort herbei und stand kopfschüttelnd vor mir. Auch er hörte, was ich sagte, aber glaubte es wohl nicht.

Ich vernahm deutlich, wie er sich an die Schwester

wandte mit den Worten: »Das ist nicht möglich, das ist einfach nicht wahr!«

Da ich aber mit meiner Behauptung, ich könnte wirklich etwas sehen, nicht nachließ, trat er hinter mich und hielt mir die Hand vor die Augen, um sie gleich darauf wieder fortzunehmen. Da er die Hand so weit abhielt, daß ich sie nicht fühlen konnte, mußte er bald feststellen, daß ich wohl doch einen Lichtschimmer wahrnahm.

Kurze Zeit später saß ich noch einmal auf dem Operationsstuhl. Der große Reflektor über mir war eingeschaltet, und der Professor mußte auch hier feststellen, daß im Gegensatz zur ersten Untersuchung die Augen trotz der schweren Verletzung durch den Schraubenzieher, der schräg in den Kopf eingedrungen war, eine gewisse Lichtempfindlichkeit zeigten. Wieder erhielt ich Spritzen, und ein neuer Verband wurde angelegt. Dann wurde ich zu Bett gebracht. Da man mir Beruhigungsmittel gegeben hatte, schlief ich bald ein. Erst am späten Abend erwachte ich wieder, aber nur für kurze Zeit. Weil ich nichts sehen konnte, mußte sich meine Schwester, die man auf Grund meiner Aussagen gerufen hatte und die nun an meinem Bett saß, selbst bemerkbar machen. Sie weinte leise und beklagte mein schreckliches Unglück. Ich tastete nach ihrer Hand. Irgendwie war in mir tiefer Friede, auch wenn mir noch niemand hatte sagen können, ob meine Augen wieder die volle Sehkraft erlangen würden.

Die nächsten Tage verbrachte ich in einer Art Dämmerzustand. Das Fieber stieg hoch, und ich muß viel phantasiert haben. Die Stationsschwester erzählte es mir später. Dabei wiederholte sich immer wieder der eine Schrei: »Ich kann sehen!«

Dann kamen Tage des Nachdenkens. In einer seltsamen Klarheit wußte ich, daß mit mir durch den Unfall nicht nur rein äußerlich etwas geschehen war. Fünf

Wochen können eine lange Zeit sein, wenn sie mit Schmerzen erfüllt sind. Mein Gesicht und vor allem meine Augen taten mir sehr weh. Fünf Wochen in totaler Dunkelheit dauern noch viel länger. Dazu kam immer wieder die Frage: Werde ich wirklich wieder sehen können, um meinen Beruf, für den ich gute Augen brauchte, auch weiterhin ausführen zu können?

Eins aber bestimmte diese Zeit der Dunkelheit ganz besonders: Ich lernte beten. Es war nun kein Betteln mehr wie in jener Stunde höchster Not. Es wurde zu einem vertrauensvollen Reden mit Gott, in dessen Hände ich mich legte, ganz ergeben seinem Willen.

Das war aber gar nicht so einfach. Es gab Stunden, in denen das vor meinem inneren Auge stand, was Gott mir Gutes getan hatte: Gesundung von der schweren Lungentuberkulose, das Erlebnis auf dem Gletscher in fast dreitausend Metern Höhe. Mich quälte die Erinnerung an jene Stunde im Jungmännerkreis, in der ich nichts als Hohn und Spott hatte für den, auf dessen Barmherzigkeit ich mich nun ganz und gar geworfen wußte, und mich drückte der Widerstand gegen die Güte und Liebe meiner Mutter.

Wie oft habe ich in diesen Stunden und Tagen gebetet: »Herr, vergib mir! Laß mich nie wieder so werden wie vor diesem schrecklichen und doch so heilsamen Ereignis! Mache aus mir einen neuen Menschen!«

Aber es gab auch noch andere Gedanken, die mich je länger desto mehr quälten.

Was sollte werden, wenn ich aus dem Krankenhaus entlassen wurde und wirklich wieder sehen konnte?

»Rufe mich an in der Not, so will ich dich erretten, und *du sollst mich preisen!*«

Diese letzten vier Worte des Psalms trieben mich innerlich um. Konnte nun alles so bleiben, wie es bisher war? Sollte ich also meine Lehre beenden und dann in meinem Beruf arbeiten? Oder bedeutete das Wort, daß ich einen anderen Weg einschlagen mußte, zum Lobpreis Gottes?

Mir wurde klar, daß sich in meinem Leben einiges ändern mußte. Es konnte doch nicht sein, daß Gott mir immer wieder in einem besonderen Ereignis begegnete, und alles blieb beim alten!

Es kam der große Tag, an dem sich herausstellen sollte, ob an mir und meinem Leben wirklich ein Wunder geschehen war, ein Wunder, das auch äußerlich durch neues Sehenkönnen sichtbar wurde.

Inzwischen hatte ich schon hin und wieder das Bett verlassen dürfen. Meine »Zimmergenossen« nahmen sich dabei meiner an. Lange dauerten diese »Ausflüge« sowieso nicht. Einmal deshalb, weil sie mich trotz aller Hilfestellung sehr anstrengten, und zum andern darum, weil es der Professor nicht wollte. Er meinte, je mehr Ruhe im Liegen ich hatte, desto bessere Heilungsmöglichkeiten bestanden.

Aber dann war der entscheidende Tag da. Gleich nach der morgendlichen Visite wurde ich in das Untersuchungszimmer geführt. In der Zwischenzeit war der Verband zwar erneuert worden, doch das hatte auf Anordnung des Professors nur in einem dunklen Raum geschehen dürfen, und ich mußte dabei die Augen fest geschlossen halten. So hatten weder ich noch der Professor und die Schwestern eine Ahnung, was geschehen würde.

Endlich war der Verband entfernt. Ich wagte es nicht zu glauben, trotz aller Zuversicht – aber ich meinte eine seltsame Helligkeit zu empfinden.

»Öffnen Sie die Augen!« sagte der Arzt. »Die Wunden scheinen gut verheilt zu sein, Sie müßten sie aufmachen können.«

Ich tat die Augen auf, um sie mit einem lauten Schmerzensschrei sofort wieder zu schließen. Das

Licht, das schreckliche, herrliche Licht verursachte einen stechenden Schmerz. »Bitte, die Augen aufmachen!« kam wieder die Stimme des Professors. Dabei drehte er den Stuhl, auf dem ich saß, nach einer anderen Seite. Wieder hob ich die Augenlider, ganz vorsichtig. Und da sah ich sie: den Arzt, die beiden Schwestern und – ein Bild an der Wand. Ich konnte wieder sehen, auch wenn es noch sehr weh tat und ein dünner Schleier vor meinen Blicken lag.

»Herr Professor, Herr Professor«, stammelte ich, »ich kann sehen, ich kann wirklich wieder sehen.«

Ich mußte noch viele Tage Geduld haben, aber mit jedem Tag durfte ich länger ohne die schützenden Binden sein und später sogar ohne die dunkle Brille.

Inzwischen hatten mich meine Eltern besucht, die von der Reise zurückgekehrt waren. Auch meine Freunde durften kommen. Und dann kam der Tag der Entlassung. Ich konnte ihn kaum erwarten. Vorher hatte ich viele Male im Gang auf jener Bank gesessen, auf der das Neue in meinem Leben begonnen hatte. Hier dankte ich Gott für das Wunder, das geschehen war. In dieses Dankgebet hinein kamen immer mehr Gedanken an eine neue, ganz andere Zukunft.

Zunächst aber mußte ich dem Professor auf Wiedersehen sagen. Ich saß vor seinem Schreibtisch und blickte den Mann erwartungsvoll an, der sich immer wieder mit einer so großen Zartheit seiner Hände um mich bemüht hatte.

Er muß wohl gespürt haben, daß ich auf ein besonderes Wort von ihm wartete. Plötzlich sagte er: »Ja, mein Junge, nun dürfen wir Sie entlassen. Sie können gesund nach Hause gehen. Die Schmerzen, die Sie noch ab und zu haben werden, sind ohne Bedeutung. Die Schwellungen sind zurückgegangen, der Bluterguß, der noch zu sehen ist, wird eines Tages auch ganz verschwinden. Eines aber muß ich Ihnen sagen. Vor Wochen, als Sie zu mir kamen, habe ich Ihnen etwas gesagt, das ich trotz allem, was ich mit Ihnen erlebt habe, nicht zurücknehmen kann. Ich glaube nicht an Wunder, ich glaube überhaupt nicht und muß doch sagen, an Ihnen ist ein Wunder geschehen! Für mich als Arzt gibt es keine Erklärung dafür, daß Sie wieder sehen können.«

Das waren die Abschiedsworte des Mannes, der später so viel Schweres erleiden mußte. Durch »Zufall« habe ich einmal von seinem Schicksal gehört.

4.

Zunächst ging das Leben weiter wie bisher. Nein, nicht ganz. Meine Freunde spürten es, daß sich bei mir etwas gewandelt hatte. Ich nahm nicht nur wie selbstverständlich an den Bibelarbeiten teil, ich beteiligte mich daran auch durch Beiträge in der Diskussion, die nun nicht mehr negativ waren. Allerdings, ich hatte viel zu fragen, und mein Freund Werner mußte viele Abendstunden opfern, in denen wir von Haustür zu Haustür wanderten, oft bis spät in die Nacht hinein. Auch meine Mutter spürte die Veränderung. Sie vielleicht am meisten. Sie wußte es irgendwie, daß ich nun mit Gott redete und gar nicht mehr anders konnte.

Auch in meiner Werkstatt spürte man die Veränderung. Zwar hatte ich auch früher an dreckigen Witzen keinen Gefallen gefunden, die besonders am Montag kursierten. Jetzt aber erhob ich dagegen Einspruch oder setzte mich beim Frühstück oder zum Mittagessen abseits, wenn die angeblichen Wochenenderlebnisse die Runde machten. Es wurde nicht leichter für mich. Ich habe dadurch vieles einstecken müssen. »Was ist denn mit dir los? Bist du fromm geworden? Zier dich bloß nicht, du kommst schon noch dahinter! Dein frommer Verein hat dich wohl ganz verdorben!« Das waren einige Äußerungen, noch die harmlosesten.

Als ich dann aber meine Prüfung mit »sehr gut« bestand und das Stück, das ich zu arbeiten hatte, vom Verband sogar besonders ausgezeichnet wurde und mein Chef, der sonst die Ausgelernten sofort entließ, mich als Gehilfe behielt, wurden einige der Lästermäuler wieder still.

Für mich war das alles aber nicht entscheidend. Mich bewegte etwas ganz anderes, nämlich die Frage: Was soll nun werden?

In meiner Ratlosigkeit machte ich mich auf den Weg zu einem Mann, den ich zwar in seinem Äußeren und in der Art seines Handelns im Ostdeutschen Evangelischen Jungmännerwerk (so hieß das damals) nicht besonders respektierte, von dem ich aber den Eindruck hatte, daß er bei all seinen Mängeln ein von Herzen frommer Mann war. Ihm legte ich die Frage vor, die mich umtrieb: »Was soll ich tun? Gott hat mein Rufen gehört. Er hat mich aus meiner bitteren Not errettet. Wie kann ich ihm nun danken? Das Wort ›Du sollst mich preisen‹ kann doch nur einen besonderen Dank bedeuten.«

Der ältere Herr blickte mich lange schweigend an.

»Meinst du es wirklich ernst?« fragte er dann. »Hast du die Absicht, mit deinem Leben zu danken, oder soll es nur ein gelegentliches Dankeschön sein durch irgendeinen Dienst, den du mal übernimmst?«

Ich bestätigte ihm, daß es mir ganz ernst sei. Mir wäre klar, daß Gott mich gerufen habe – nicht nur einmal – und ich ihm nun Besonderes schulde.

»Nun gut«, sagte mein Gegenüber, »dann will ich dir auch einen nicht alltäglichen Rat geben.«

Ehe er es tat, erkundigte er sich nach meinen häuslichen Verhältnissen, nach meiner Schulbildung und noch manchem anderen. Als er erfuhr, wie sehr ich an meinem Beruf hing und daß ich mich durch eine Abendschule und Kurse an der Akademie weitergebildet hatte, machte er ein sehr nachdenkliches Gesicht.

»Ich fürchte«, sagte er endlich, »daß mein Rat dir weh tun wird. Er verlangt viel von dir. Ich könnte ja sagen, versuche dein Abitur nachzumachen. Durch deine bisherigen Abendkurse sollte dir das nicht allzu schwerfallen – und dann studiere und werde Pfarrer. Ich glaube aber, daß die finanzielle Belastung für deine Eltern zu groß wird. Darum will ich dir einen anderen Weg zeigen. Auch er ist lang, aber du wirst ihn besser gehen können: werde Diakon.«

Mein alter Freund hat mir dann alles gesagt, was ich über diesen Weg wissen mußte, um mir darüber klarzuwerden. Eins aber wurde mir schon während des Gesprächs deutlich: Sollte ich dem Rat folgen, dann hieße das, alles Bisherige abbrechen, das zu erwartende Unverständnis bei den Freunden und vor allem auch bei meinen Eltern zu überwinden und eine langjährige Ausbildung zu beginnen, von der ich bis zu diesem Augenblick so gut wie nichts wußte.

»Ich möchte dir noch etwas zu bedenken geben«, fuhr mein Freund fort. »Du hast mir erzählt, daß dich Gott nach deiner Meinung schon einige Male gerufen hat. Und du bist der Ansicht, daß dein letztes Erlebnis, dein schrecklicher Unfall, ein nicht zu überhörender Anruf ist. Gott hat dir dein Augenlicht wiedergeschenkt, und du willst ihm dafür mit deinem ganzen Leben danken. Nun gut, das ist alles recht. Wie steht es aber mit Jesus Christus? Welches Verhältnis hast du zu ihm? In unserem ganzen Gespräch hast du ihn nicht ein einziges Mal genannt.«

Mit diesen Worten wurde eine Stelle in meinem Innern getroffen, von der ich wußte, daß hier etwas noch völlig unklar war. Ich konnte auf seine Worte nur mit dem Kopf nicken.

»Das habe ich mir doch gedacht«, fuhr er fort. »Du mußt aber eins wissen: Gott wird in unserem Leben erst konkret, wenn wir uns der Person Jesu stellen. Um ihn müssen wir wissen, zu ihm müssen wir ja sagen, sonst ist das, was ich dir für deinen weiteren Lebensweg geraten habe, zu schwer.«

Wir haben noch lange miteinander geredet. Als ich dann heimwärts ging, hatte ich über vieles nachzudenken. Noch gab es in mir keine Klarheit, nur eins wurde mir durch dieses Gespräch deutlich: Einen Ruf Gottes hören, kann eine schwere Sache sein!

Über dieses Gespräch ging noch mehr als ein Jahr hin, ehe ich zu einem Entschluß kam. Mir lag daran, aus meinem Beruf nicht einfach wegzulaufen. Die Gaben, die ich auf dem Gebiet der Malerei und des Zeichnens hatte, waren nicht gering. Meine Weiterbildung hatte gezeigt, was ich leisten konnte. Auch sonst gab es vieles zu bedenken. Mir wurde immer deutlicher, daß mein ganzes Leben eine neue Richtung bekommen würde und der größte Teil dessen, was mir bisher lieb und wert gewesen war, zurückbleiben mußte.

Endlich fand ich den Mut, meiner Mutter meinen Entschluß mitzuteilen. Auf ihrem Gesicht spiegelten sich mehrere Empfindungen wider. Sie brachte dies auch in ihren Worten zum Ausdruck, die ich bis heute nicht vergessen habe.

»Junge«, sagte sie, »ich freue mich ja so, daß du dich für einen solchen Weg entschlossen hast. Aber, hast du auch alles gut bedacht? Und ist dir klar, was Vater dazu sagen wird?«

Sie strich mir mit der Hand über den Kopf und fügte hinzu: »Aber was du tun mußt, das sollst du auch tun! Davon laß dich nicht abhalten.«

Mein Vater war nicht einverstanden. Als ich es ihm durch einen Hinweis auf die schwere Wirtschaftskrise, in die auch mein Beruf hineingezogen wurde, leichter machen wollte, wandte er sich ab und meinte nur: »Mach, was du willst! Du mußt es wissen.« Später hat er dann zu allem wirklich von Herzen ja gesagt – aber erst sehr viel später.

In den nächsten Wochen hatte ich noch ein merkwürdiges Erlebnis.

Ich schrieb eines Abends die Bewerbung für die Diakonenausbildung. Vor mir hatte ich die Unterlagen aller Häuser, die dafür in Frage kamen. Dazu gehörte auch das Johannesstift in Berlin-Spandau. Meine Mutter blickte mir über die Schulter und meinte: »Du wirst doch nicht so weit fortgehen, wo du alles so schön in der Nähe haben kannst.«

Also schrieb ich nach Berlin-Spandau. Am nächsten Morgen sollte der Brief abgeschickt werden.

In dieser Nacht hatte ich einen merkwürdigen Traum. Da war irgend jemand, der stellte sich mir in den Weg. Er blockierte sozusagen den Weg in das Johannesstift. Statt dessen hörte ich ganz deutlich eine Stimme, die sagte: »Geh nach Neinstedt!«

Ich muß dazu sagen, daß ich keine Ahnung hatte, wo Neinstedt lag und was das für eine Einrichtung war. Als ich am anderen Morgen beim Frühstück saß, sagte ich zu meiner Mutter: »Mutti, ich gehe nach Neinstedt!«

Das gab in der Familie fast einen Aufstand. Auch meine Mutter verstand mich jetzt nicht mehr. Sie konnte nicht begreifen, daß ich mich für einen Ort entschied, der so weit von Berlin entfernt lag, wie ich inzwischen festgestellt hatte. Ich begriff es selbst nicht, aber ich mußte es tun. Irgend etwas trieb mich dazu. Heute weiß ich, daß mein Leben in vielen Dingen ganz anders verlaufen wäre, wenn ich nicht nach Neinstedt am Harz gegangen wäre. Es war für mich der richtige Weg, wenn auch kein leichter.

Vom Diakonenhaus der Neinstedter Anstalten bekam ich eine Antwort, in der es unter anderem hieß: »So möchten wir Sie bitten, sich am 1. Juni dieses Jahres in der Trinkerheilstätte Wilhelmshof bei Uchtspringe in der Altmark einzufinden. Wir halten es für gut, daß Sie dort eine Probezeit absolvieren. Dabei haben Sie die Gelegenheit festzustellen, ob der Beruf eines Diakons für Sie der geeignete ist, und auch wir können uns nach dieser Probezeit besser entscheiden, ob wir Sie zur Ausbildung aufnehmen können.«

In der Antwort des Johannesstiftes in Berlin, an das ich auf Bitten meiner Mutter doch noch geschrieben hatte, hieß es, daß man mich zur Ausbildung ab 1. April einstellen würde. Ohne Probezeit!

Es kostete noch einmal einen Kampf innerhalb der Familie und auch mit meinen Freunden. Doch ich blieb dabei: Ich gehe nach Neinstedt, das hieß also: zuerst nach Wilhelmshof.

Dort war es landschaftlich wunderschön. Die Letzlinger Heide ist ein Waldgebiet, wie es sie in Deutschland nur wenige gab oder noch gibt. Herrliche Kiefernwälder mit einem alten Baumbestand, dazwischen malerisch eingestreut Felder und Grünflächen – das alles nahm mich vom ersten Tage an gefangen. Die Arbeit dort und einige der Menschen, mit denen ich es jetzt zu tun hatte, weniger. Ein Teil der Trinkerheilstätte war nicht von Kranken besetzt und wurde zur Zeit für einen freiwilligen Arbeitsdienst des kirchlich-sozialen Dienstes der Landeskirche genutzt. Der Chef war ein Diakon. Ich selbst hatte als sein verlängerter Arm die jungen Männer des freiwilligen Arbeitsdienstes zu betreuen.

Das waren harte Burschen, damals 1932, und es war ein mehr als harter Dienst, der mir auferlegt wurde. Er begann morgens früh um fünf Uhr und ging für mich (nicht für die Arbeitsdienstler) bis mindestens zehn Uhr abends, meist wurde es Mitternacht. Alles, was gut lief, ging selbstverständlich auf das Konto des leitenden Mannes, alles was schief lief – und das war nicht wenig – ging auf mein Konto.

Mein Stübchen, das ich dort bewohnte, lag im Hauptgebäude unter dem Dach. Ich höre heute noch, obgleich es schon lange Zeit her ist, die Rufe meines Chefs um Mitternacht oder kurz vor fünf Uhr morgens, auch am Sonntag: »Willii, Williiii!«

Dann hieß es, wie ein geölter Blitz die Treppe hinab und vielleicht nichts anderes als einen Wasserhahn fester zudrehen, der in einem der Waschräume im Erdgeschoß tropfte. Ja, das war hart!

Hinzu kam eine scheußliche Furunkulose, die mich in dieser Zeit heftig quälte. Sie hat mir manche Nacht den schon knappen Schlaf genommen.

Als mich nach den ersten Monaten mein Vater besuchte – er war bestimmt kein weicher Mensch –, sagte er plötzlich: »Willi, willst du nicht wieder mit nach Hause kommen? Das hier ist doch eine zu harte Sache!« Ein solches Wort von meinem Vater hat mir von Herzen gut getan, aber nach Hause bin ich nicht gegangen. Ich mußte, ich wollte durchhalten!

Die politischen Wirren jener Zeit machten alles nicht einfacher. Unter den Arbeitsdienstlern gab es manche Schlägereien. Da sie ja freiwillig dort waren, konnte man jederzeit gehen, wenn einem irgend etwas nicht paßte. Das wiederum wäre aber auf mein Konto gekommen. Darum mußte ich mich durchbeißen, unter den vielen Radikalen, die es bei den jungen Leuten gab, und Hohn und Spott ertragen, den ich um meines Glaubens willen erhielt.

In jene Zeit fällt ein Erlebnis, das ich meinem nicht

gerade weichherzigen Chef verdanke. Wir hatten, was leider oft genug vorkam, eine Auseinandersetzung, bei der ich wie immer den kürzeren zog. In letzter Not versuchte ich mich bei diesem Streit mit einem Bibelwort zu verteidigen und – griff daneben. Als mein Chef fragte: »Wo steht denn das Wort?« konnte ich ihm nicht antworten. Das war ihm Anlaß zu der Bemerkung: »Du solltest die Bibel besser kennen. Ich würde dir raten, sie einmal ganz zu lesen, dann wirst du in Zukunft nicht wieder etwas Verkehrtes antworten.«

Leicht gesagt, meine Bibel lesen. Natürlich besaß ich eine Bibel, sogar eine sehr schöne in Leder gebunden, die ich mir letzte Weihnachten von meinen Eltern hatte schenken lassen. Wann aber sollte ich wohl darin lesen? Etwa zwischen vier und fünf Uhr morgens, oder in der Nacht nach zwölf Uhr? Trotzdem – das Wort dieses Mannes ging mir nach, und ich begann – zumeist in der Nacht – meine Bibel zu lesen, ganz von vorne. Das war für mich zuerst ein saures Geschäft. Oft bin ich darüber eingeschlafen, wenn der Tag draußen auf dem Feld oder bei der Waldarbeit, wobei ich schwer mitmachen mußte, zu lang war. Aber ich biß mich durch. Und – merkwürdig – je weiter ich in meiner Bibel kam, um so mehr wurde sie zu dem, was sie ja sein sollte: *Meine* Bibel!

Als ich im Neuen Testament angelangt war, ging es leichter voran. Wenn ich etwas nicht verstand, konnte ich meinen Freund Andreas fragen, der als Diakon die Trinker zu betreuen hatte, die in die Heilstätte eingewiesen wurden. Er war ein guter Kenner der Heiligen Schrift, von dem ich viel mitbekommen habe. Wie oft haben wir zusammen unsere Hände gefaltet und gebetet, was mir in dieser schweren Zeit ein rechter Trost und eine Quelle der Kraft war.

Aber auch die härteste Zeit nimmt einmal ein Ende. Als ich zum 1. April 1933 zur Diakonenausbildung nach Neinstedt gerufen wurde, war ich nicht nur ein Jahr älter, sondern auch um ein Jahr reifer geworden.

Nun hieß es, wieder einmal die Schulbank drücken. Aber das war so ganz anders, als ich es von früher her kannte. Hier gingen Theorie und Praxis miteinander Hand in Hand. An der Art der Ausbildung wurde mir bald klar, daß die Probezeit, die ich machen mußte, durchaus ihren Sinn gehabt hatte. Die Erfahrungen, die ich von dort mitbrachte, sollte ich bald verwenden können.

Auch in den Neinstedter Anstalten war Unruhe eingekehrt, die die politische Umwälzung mit sich brachte. Die bisherige Anstaltsleitung wurde abgelöst. Der Leiter und Hausvater des Diakonenhauses mußte ebenfalls gehen. Ein neuer Mann kam.

Neinstedt liegt im besten Sinne des Wortes am Harz, etwa auf der Mitte zwischen Quedlinburg und Thale. Dort hat die Familie Nathusius vor mehr als hundert Jahren das erste Haus dieser großen Einrichtung der Inneren Mission errichtet. Wo man geht und steht, kann man in Neinstedt die Harzberge sehen: drüben bei Gernrode, Suderode und Stecklenberg, und auf der anderen Seite bei Thale, vor allem die Roßtrappe und den Hexentanzplatz. Im Frühling breiteten sich die Berge mit ihren vielen Laubwäldern vor unseren Augen im herrlichen Grünschmuck aus, um dann zum Ausgang des Sommers und im Herbst ein wunderbar buntes Kleid anzulegen, das eine Symphonie in rot und braun und gold war. Nach dem glitzernden Rauhreif hüllte ein schneereicher Winter alles in ein weißes weites Laken ein. Ein Blick zurück ließ zur Linken die Teufelsmauer entdecken und in der Ferne die Türme und Häuser von Quedlinburg, vor allem den hochragenden Dom. So lag, so liegt Neinstedt!

Für mich wurde das alles bald zum zeitweiligen Aufenthalt, denn mit dem neuen Mann des Diakonenhauses kam auf mich ganz unerwartet eine Aufgabe zu.

Kaum war der Neue da, und kaum hatte sich die Aufregung über den Wechsel in der Leitung der Anstalten ein wenig gelegt, da wurde ich ins »Büro» bestellt, wie wir das Dienstzimmer des Hausvaters nannten.

»Sie müssen sofort nach Quedlinburg«, war die kurze, fast lakonische Anweisung, der allerdings noch einige Erklärungen folgten. Am Schluß stand die Frage: »Können Sie blasen und einen Posaunenchor leiten?«

Als ich es verneinte, hieß es wieder sehr kurz und bestimmt: »Dann werden Sie es sofort lernen. Bis Weihnachten möchte ich von Ihnen die Nachricht haben, daß alles klappt.« Das waren nicht mehr viele Wochen.

Mir kam der Auftrag, nach Quedlinburg zu gehen, sehr ungelegen. Zwar kam ich aus der CVJM-Arbeit, die ich dort sofort übernehmen sollte, aber von der Leitung einer solchen Arbeit hatte ich kaum eine Ahnung.

Es geht vieles; es geht vor allem besser, als man denkt, wenn dahinter ein ernsthafter Auftrag steht, noch dazu ein solcher, der beinhaltet, jungen Menschen von Gott und Jesus Christus zu sagen und ihrem Leben eine Führung zu geben.

Zunächst schaffte ich es mehr schlecht als recht, aber ich schaffte es. Zu Weihnachten 1933 bliesen die Posaunenbläser unter meiner Leitung den Weihnachtschoral vom Turm der Nikolaikirche.

Die Zeit in Quedlinburg, in der ich das volle Unterrichtspensum an den Vormittagen in Neinstedt absolvieren mußte, brachte sehr viel Schönes, aber auch einiges Schwere. Zwei Begebenheiten wurden für mich und meinen weiteren Weg von besonderer Bedeutung. Sie sind es wohl wert, daß ich sie berichte.

Zu meiner Arbeit in Quedlinburg gehörte neben einer sehr großen Jungschar (150 Jungen) und einem Jugendkreis der Vierzehn- bis Siebzehnjährigen auch ein Kreis junger Männer, von achtzehn bis zu fünfundzwanzig Jahren. In diesem Kreis der Älteren war ich mit meinen zwanzig Jahren einer der Jüngsten. Trotzdem hatte ich bei unserer zweimaligen wöchentlichen Zusammenkunft die Bibelarbeiten zu halten und damit das Gespräch über einen Abschnitt der Bibel einzuleiten. Ab und zu wurde dies auch von einigen Freunden dieses Kreises übernommen, soweit sie sich dazu in der Lage glaubten. Wir nahmen es nicht so tragisch, wenn einmal etwas danebenging, aber alle waren doch sehr erschrocken, als eines Tages der unter uns, der einen schweren Sprachfehler hatte, darum bat, das nächste Mal die Bibelarbeit leiten zu dürfen.

»Ich – ich – ich ka- kann das – das – sch – sch – schon!«

Nach dem Abend, als die meisten gegangen waren, blieb noch ein kleiner Kreis zurück, der sich zusammen mit mir verantwortlich fühlte und zu dem auch der Vorsitzende gehörte.

»Das ist unmöglich«, sagte dieser. »Wir können den Erwin nicht sprechen lassen. Der bekommt kein Wort im Zusammenhang heraus. Der kann das einfach nicht.«

Die anderen Freunde waren der gleichen Meinung. Wir redeten lange hin und her. Plötzlich hatte ich ein seltsames Gefühl. Ob ich wollte oder nicht, ich mußte aussprechen, was mir in den Sinn gekommen war.

»Wir sollten es doch versuchen«, sagte ich. »Gott kann alles. Er kann auch dem Erwin helfen, zu uns zu sprechen. Und außerdem sind wir ja auch noch da, wir können ihm doch helfen.«

Die andern blickten mich ganz entgeistert an. Später sagte mir einer von ihnen, er habe in diesem Augenblick an meinem Verstand gezweifelt. Ich erhielt auch heftigen Widerspruch. Warum ich mit meiner Meinung trotzdem nicht zurücktrat, das konnte ich zuletzt nur mit dem Wort begründen, das mir in meinem Leben schon einmal so intensiv begegnet war. Ich sagte ganz schlicht: »Jesus hat einmal gesagt: Alle Dinge sind möglich dem, der da glaubt! Warum sollten wir es nicht aus dem Glauben heraus wagen und dem Erwin die Stunde überlassen? Vielleicht geht es besser, als wir denken.«

Dabei blieb es dann auch, aber alle hatten wir Herzklopfen.

Der fragliche Abend kam heran. So voll war unsere Stunde »Für den jungen Mann« nur selten. Alle wollten sehen und hören, wie es mit Erwin gehen würde. Als Erwin dann kam und mit mir vor Beginn des Abends sprach, stotterte er schrecklich. Mir wurde dabei angst und bange, denn ich wußte doch, wie schwer es oft war, sich das Lachen zu verbeißen.

Die Stunde begann. Erwin sagte das Lied an, das wir zu Beginn singen sollten. Er stotterte, daß es Gott erbarmen mußte. Und es hat ihn erbarmt. Wir alle, die wir dabeiwaren, erlebten ein Wunder! Von dem Augenblick an, da Erwin uns wie üblich das Bibelwort las, über das er sprechen wollte – von diesem Augenblick an stotterte er nicht mehr, nicht ein einziges Mal. Es war so seltsam, daß wir im Laufe des Abends vergaßen, daß Erwin sonst stotterte. Als er nach Schluß der eigentlichen Bibelarbeit und nach dem Gebet ein weiteres Lied ansagte und auf einmal wieder seinen alten Sprachfehler hatte, da ging es uns erst richtig auf, was wir soeben erlebt hatten.

Für mich bedeutete dies eine schlaflose Nacht. Immer wieder faltete ich die Hände zum Gebet, und immer wieder mußte ich sagen: »Herr, wenn du solche Wunder tun kannst, dann nimm dich unser auch an in den anderen, viel schwereren Dingen, die jetzt auf uns zukommen!« Ich war so bewegt von dem unbegreiflichen Erlebnis, daß ich Gott alles zutraute. Ich ahnte damals, daß uns schwere Zeiten bevorstanden.

Aus jenen Tagen berichtet das zweite Erlebnis. Man hatte uns in die Hitlerjugend eingegliedert. Aller Protest war nutzlos geblieben. Wollten wir nicht alles zerstören lassen, dann mußten wir mitmachen und sehen, wie sich die Sache entwickeln würde. Das aber gehörte zu dem Schweren, daß mich in diesen Wochen umtrieb. Ich selbst wurde in die HJ als kleiner Kameradschaftsführer übernommen, doch als einer, den man von vornherein kaltstellte. Nur an einem mußte ich unbedingt teilnehmen: an den Schulungen, die aus mir noch »etwas« machen sollten. So erhielt ich eines Tages den Befehl, mich zum Wochenende in Magdeburg, der zuständigen Schulungsstätte, einzufinden. Ich will ehrlich zugeben: Ich hatte vor dieser Schulung ein wenig Angst, denn es hieß, dieses Mal käme der Gebietsführer selbst. Er kam wirklich, leider oder auch Gott sei Dank!

Zunächst schien alles in der üblichen Weise zu verlaufen. Was dort gesagt wurde, ließ sich bei einigermaßen kühlem Verstand und nüchternem Denkvermögen noch verkraften. Doch danach ging es los. Am Sonntag vormittag würde der Gebietsführer sprechen, wurde uns gesagt. Außer mir gab es noch andere Kameraden, denen das nicht paßte. Auch sie kamen aus der evangelischen Jugend und hatten die Absicht, am Sonntag den Gottesdienst im Magdeburger Dom zu besuchen. Unsere Bitten, uns dafür freizustellen, wurden rundweg abgelehnt. Mit einiger Empörung sogar, denn es schien den höheren HJ-Führern undenkbar, statt der Rede eines Gebietsführers der Predigt eines »Pfaffen« zu lauschen. Diese Meinung wurde uns mit gehörigem Nachdruck gesagt.

Der hohe Herr kam. Offensichtlich hatte man ihn

von dem unbilligen Ansinnen einiger Teilnehmer unterrichtet, denn er stieg sofort in das Thema Kirche und Glauben ein.

Es lohnt sich nicht, alles wiederzugeben, was dieser Mann sagte. Das Schlimmste kam auch erst gegen Schluß, und damit provozierte der Gebietsführer einen öffentlichen Krach, was er vielleicht nicht für möglich gehalten hatte. Ich habe mir seine Worte sehr gut gemerkt: »Zusammenfassend muß ich sagen, die ganze Geschichte mit dem christlichen Glauben ist Quatsch! Den hat so'n Mensch mit Namen Paulus oder Saulus fabriziert. Natürlich ein Jude. Und der ging dann hin, um sich in Rom auf den Papststuhl zu setzen. Leider gibt es auch in unserem Staat noch Menschen, die –« Weiter kam er nicht.

An dieser Stelle platzte mir der Kragen. Was daraus entstehen konnte, habe ich in diesem Augenblick nicht bedacht. Ich schrie einfach in den Saal, in die Rede des Gebietsführers hinein: »Es ist unerhört, was hier für Lügen verzapft werden! Kameraden, glaubt von diesem Unsinn kein Wort, ihr solltet –« Weiter kam ich nun nicht. Der Saaldienst, einige sehr kräftige HJ-Freunde, packten mich und brachten mich trotz versuchter Gegenwehr aus dem Saal. Einen Augenblick später erschien der Oberbannführer mit dem für mich zuständigen Bannführer. Sie überhäuften mich mit Vorwürfen, und mein Bannführer, der an sich nicht schlecht war, fragte mich ein wenig verzweifelt, ob ich denn lebensmüde sei.

Nun, das war ich bestimmt nicht. Ihr Ansinnen aber, vor allen meine Worte zurückzunehmen und mich zu entschuldigen, wies ich zurück. Das war mir nicht möglich.

Man ließ mich sofort heimfahren und sagte mir, ich würde Weiteres erfahren.

Als ich dann gegen Abend in meinem Zimmer in

Quedlinburg saß, wurde mir erst richtig bewußt, was mir geschehen könnte. In solchen Dingen ließen die neuen Herren nicht mit sich spaßen.

Seltsamerweise geschah zunächst nichts. In vielen Gesprächen mit Gott hatte ich ihm meine Not gesagt und war darüber ruhiger geworden. Dann aber begannen doch die ersten Verhöre. Zunächst wurden sie von Hitlerjugendführern durchgeführt, später von Beamten der Gestapo. Zu jeder Vernehmung ging ich mit der Angst im Herzen: Nun werden sie uns die evangelische Jugendarbeit in Quedlinburg und Umgebung verbieten, denn dafür bin ich ja verantwortlich. Doch nichts dergleichen geschah.

Ein Jahr ging darüber hin, und das Jahr 1937 brach an. Kurz vor der Jahreswende wurde mir, obgleich ich mein Abschlußexamen noch nicht gemacht hatte, eine Stelle als Kreisjugenddiakon und Mitarbeiter am Predigerseminar in der Lutherstadt Wittenberg angeboten. Nach meiner Vorstellung bei dem dortigen Superintendenten, Professor Meichsner, wurde ich angestellt. Dahinter stand sicher die Absicht, mich aus den Augen der Quedlinburger HJ-Führung und der dortigen Gestapo zu entfernen. Wie wenig wir aber noch von den Methoden des Dritten Reiches wußten, das wurde uns im Januar klar. Ich erhielt die Mitteilung, daß ich vor dem HJ-Gericht des zuständigen Gebietes angeklagt sei. Ich hätte den Staat verächtlich gemacht und auch seine Vertreter verunglimpft.

Nun, ich erlaubte mir, ein gutes Gewissen zu haben, denn ich war mir nicht bewußt, das von dem, was die »Anklage« hervorhob, wirklich etwas geschehen war. An meiner neuen Arbeit hatte ich Freude. Besonders der Unterricht über Fragen der evangelischen Jugendarbeit, den ich am Predigerseminar erteilte, bereitete mir viele gute und frohmachende Stunden. Die jungen Theologen waren angewiesen, in der Jugendarbeit des

Kirchenkreises unter meiner Leitung mitzuarbeiten, und das taten sie wirklich mit großem Eifer.

In meinem nunmehrigen Vorgesetzten, dem Superintendenten Professor Meichsner, gewann ich sehr bald einen väterlichen Freund. Diese Freundschaft hat über viele Jahre gehalten und ist mir in schweren Tagen eine unentbehrliche Hilfe gewesen.

Es dauerte nur einige Monate – ich hatte unterdessen geheiratet – da bekam ich das Urteil. Ohne selbst die Möglichkeit gehabt zu haben, mich vor dem »Gericht« verteidigen zu können, wurde ich aufgrund dieses Urteils aus den Reihen der Hitlerjugend ausgestoßen und zugleich zu einem Menschen erklärt, der den Ideen des neuen Staates feindlich gegenüberstand. Als ich das schriftliche Urteil erhielt, war die Einspruchsfrist längst verstrichen.

Mein Superintendent, dem ich das »Dokument« zeigte, zuckte nur die Schultern und sagte: »Haben Sie etwas anderes erwartet?« Er drückte mir fest die Hand und fuhr fort: »Ab heute stehen Sie noch mehr unter meinem besonderen Schutz.« Den sollte ich bald brauchen.

Im Frühjahr 1937 hatte ich auch mein Examen gemacht und war nun Diakon. Meinem alten Freund in Berlin, der selbst Diakon war, konnte ich nur von Herzen dankbar sein, daß er mich diesen Weg gewiesen hatte. Zu meinem himmlischen Herrn aber vermochte ich nun von Herzen zu sprechen: »Du siehst es, Herr Jesus, ich versuche wirklich, dich zu preisen!«

In Wittenberg habe ich mich schnell eingelebt. Nicht nur mein verehrter Professor Meichsner, sondern noch manche anderen Pfarrer wurden mir zu Freunden. Gerne war ich mit den vielen jungen Menschen zusammen, denen ich dienen durfte.

Weniger schön war es, daß ich meine Post seit einiger Zeit mit Verspätung erhielt. Zunächst achtete ich nicht darauf, dann aber hielt ich eines Tages einen Brief in der Hand, auf dem ein Kontrollstempel zu sehen war. Erst jetzt wurde mir klar, warum meine Post seit Wochen mit Verzögerung eintraf. Die Gestapo überwachte mich auch hier. Ich versuchte, diese Tatsache nicht so tragisch zu nehmen, bemerkte dann aber, daß hin und wieder bei größeren Veranstaltungen fremde Männer dabeiwaren, die mich wohl bespitzeln sollten.

Bald gab es die ersten Verhöre. In jener Zeit besuchte mich der Leiter der gesamten ostdeutschen evangelischen Jugendarbeit: Arnold Dannenmann. Mit ihm verband mich schon bald eine feste Freundschaft. Ihm hatte ich es auch zu danken, daß ich nach einer Auseinandersetzung mit dem Leiter und Hausvater des Neinstedter Diakonenhauses nicht einfach herausflog. Er hatte sich damals rechtzeitig eingeschaltet und mein mit mir durchgehendes Temperament ins rechte Licht gerückt!

Nun kam er nach Wittenberg, um mit mir über die entstandenen Schwierigkeiten zu sprechen und mir Ratschläge für die große Arbeit zu geben.

Am Abend dieses Tages gingen wir noch ein Stück spazieren, um ein wenig Bilanz zu ziehen. Plötzlich wandte sich mein Feund Arnold mir zu, hielt mich mitten auf der Straße an und sagte: »Du hast doch noch irgendeine Sorge auf dem Herzen. Ich meine jetzt nicht die Gestapo, sondern etwas anderes.«

Ich nickte und erwiderte: »Ja, du hast recht. Ich habe eine Sorge und weiß nicht, wie ich damit fertig werden soll.«

»Also dann heraus mit der Sprache!« Mein Freund ließ nicht locker.

»Du hast sicher gesehen, daß wir ein Kind erwarten«, fuhr ich fort. »Das Kind wird gegen Ende Februar dasein, aber ich habe keine Ahnung, woher ich das Geld für einen Kinderwagen nehmen soll. Du weißt ja, mit einhundertneunzig Mark netto im Monat bleibt einfach nichts übrig, und meine Schwiegereltern möchte ich nicht anborgen.«

Über Arnold Dannenmanns Gesicht glitt ein Lächeln.

»Du«, sagte er, »da weiß ich einen Rat. Du schreibst für unsern Verlag in Berlin ein kleines Buch – ein Heft für unsere gerade begonnene Heftreihe. Das Honorar dafür dürfte für einen Kinderwagen reichen.«

Ich blickte ihn entsetzt an.

»Das kann ich nicht«, sagte ich, »das habe ich noch nie gemacht.«

Ich habe es dann doch getan und in den nächsten Wochen unter vielen Zweifeln an meinen schriftstellerischen Fähigkeiten ein kleines Manuskript verfaßt zu dem Titel »Junge Deutsche beten«. Es wurde mein erstes Druckerzeugnis, ein Heft von zwanzig Seiten. Ihm sind später viele Jugendbücher gefolgt. Zunächst aber bekamen wir das Geld, das wir für den Kauf eines Kinderwagens so nötig brauchten. Mir aber wurde das Selbstvertrauen gestärkt, anderen Menschen zur Freude und Gott zur Ehre etwas schreiben zu können.

Eines Tages war es dann soweit. Die Gestapo schlug zu. An einem Nachmittag – es war ein sehr heißer Tag, und meine Frau begleitete mich mit unserer Tochter, die im Kinderwagen lag – wurde ich ins Schloß bestellt, wo die politische Polizei ihre Diensträume hatte. Vor dem Tor verabschiedete ich mich schweren Herzens von meinen Lieben.

Ich ahnte nichts Gutes.

Der Mann, der im Zimmer saß, in das man mich führte, sah eigentlich ganz normal aus. Auf der Straße hätte sich niemand nach ihm umgedreht. Die Unterhaltung begann in einem vernünftigen Ton. Erst viel später, beim Staatssicherheitsdienst der DDR, hatte ich dann schon soviel Erfahrungen mit derartigen Verhören, daß ich wußte, wie harmlos sie zumeist anfingen.

Ich mußte zuerst meine Personalien angeben, obgleich sie bei der Gestapo bestens bekannt waren. Danach fragte mich der Beamte nach meiner beruflichen Tätigkeit.

Für mich bestand keine Veranlassung, irgend etwas zu verschweigen. Ich erzählte also ausführlich, was zu meinen dienstlichen Obliegenheiten gehörte. Allerdings betonte ich sehr stark, ich würde in keinem Fall aus eigener Verantwortung handeln, sondern im Auftrag meiner Kirche, meines vorgesetzten Superintendenten. Das muß dem Verhörenden aufgefallen sein, denn er unterbrach mich plötzlich sehr scharf mit den Worten: »Lassen Sie diese Bemerkungen! Wir wissen ganz genau, was Sie tun, und daß Sie es mit Begeisterung machen. Hier handelt es sich ganz allein um Sie und um niemand anderes.«

Ich widersprach dem. Mein Dienstvertrag schreibe mir meine Tätigkeit vor, sagte ich.

Darauf aber wurde der Gestapo-Beamte grob: »Ich will Ihnen etwas sagen«, meinte er kurz angebunden. »Sie werden mir jetzt hier in diesem Zimmer in meiner Gegenwart eine Verpflichtung unterschreiben, und daran haben Sie sich in Zukunft zu halten. Damit Sie sehen, daß ich es ernst meine« – bei diesen Worten stand er auf und öffnete die Tür zum Nebenzimmer, in dem ich SS-Leute sehen konnte –, »diese Männer dort drüben haben den Auftrag, Sie sofort in ein KZ zu bringen, wenn Sie sich sträuben sollten, Ihre Unterschrift zu geben.«

Er setzte sich wieder und fügte hinzu: »Ich nehme an, Sie sind so vernünftig, mir zu glauben. Sicher wollen Sie doch nicht sich und Ihre Frau und Ihr Kind unglücklich machen, die unten warten. Sie haben zehn Minuten Bedenkzeit.«

Ich wußte damals nicht viel von Konzentrationslagern, wie die meisten Menschen in den Jahren vor dem Krieg davon wohl kaum eine Ahnung hatten. Ich spürte nur, daß dieser Mensch es ernst meinte und daß hinter seiner Drohung etwas sehr Böses stand. In mir begann in diesem Augenblick ein furchtbarer Kampf, verbunden mit einer schrecklichen Angst. Nur mit Mühe konnte ich die Erklärung lesen, die bereits fertig vorlag und in der ich mich verpflichtete, ab sofort jegliche kirchliche Jugendarbeit in der Stadt und im Kreis Wittenberg zu unterlassen. Ich wußte genau, daß dies für mich unmöglich war. Mein Dienstvertrag und mein innerer Auftrag ließen mir gar keine Wahl. Zugleich aber war mir klar, daß eine Weigerung zur Unterschrift die Einlieferung in ein Konzentrationslager bedeutete, die Trennung von meiner Aufgabe und von allen Menschen, die mir lieb und wert waren. Unten aber, vor dem Tor, stand meine Frau mit unserem Kind.

Ich las das Ganze noch einmal durch. Leider erbrachte das nichts Neues. Der Revers, den ich unterschreiben sollte, ließ keinen Ausweg zu.

In solchen Augenblicken sind Gebete sehr kurz, aber auch von großer Dringlichkeit. »Herr, hilf mir! O Herr, hilf mich doch, zeige mir den Ausweg!« hieß meine Bitte in diesen Augenblicken.

»Nun?« Der Gestapobeamte, der am Fenster gestanden hatte, drehte sich um. Die mir gewährte Bedenkzeit war zu Ende.

In diesem allerletzten Augenblick kam mir der rettende Gedanke. »Was nützt es Ihnen, wenn ich dieses Papier unterschreibe?« sagte ich mit einer Stimme, die so fest wie nur möglich klingen sollte. »Ich habe dazu gar kein Recht. Mein Superintendent würde mich sofort aus meinem Amt entlassen oder in einen anderen Dienst versetzen und einen anderen Mitarbeiter mit meinem bisherigen Dienst beauftragen. Auf jeden Fall muß ich zuvor mit Herrn Professor Meichsner sprechen.«

Der Gestapomann kniff die Augen zu. Dann brüllte er mich an: »Sind Sie wahnsinnig geworden? Wollen Sie ein Spielchen mit mir treiben? Los, unterschreiben Sie, oder ich lasse Sie sofort wegbringen.«

Ich spürte an dem Ton, in dem der Mann mit mir sprach, daß ich genau das Richtige getroffen hatte. Sicher brüllte er mich nur deshalb so an. Jetzt hieß es, Mut zu behalten und diesen Augenblick mit Gottes Hilfe durchzustehen.

So ruhig, wie es mir möglich war, sagte ich: »Bitte, entschuldigen Sie, daß ich Ihnen nicht folgen kann, aber meine Unterschrift unter diesem Papier ist ohne das Einverständnis meines Vorgesetzten völlig wertlos. Sie tun mir unrecht.«

Betroffen blickte der Mann mich an. Vielleicht hatte er es noch nicht oft erlebt, daß ihm ein Mensch, den er in seinen Händen hatte, einen solchen Widerstand leistete und dabei auch noch von Unrecht sprach.

Plötzlich sprang er auf. Er drückte mir das Papier in die Hand, riß die Tür zum Gang auf und brüllte: »Raus! Gehen Sie zu dem Professor und sagen Sie ihm, daß ich morgen nachmittag pünktlich um drei Uhr Ihre Unterschrift entgegennehmen will.«

Es war alles ganz entsetzlich. Meine Frau und ich liefen, so schnell wir konnten, zum Kirchenamt. Der Kinderwagen mit unserer Tochter mußte natürlich mit. Ich erfuhr im Amt, daß der Superintendent heute nicht da war. Was nun?

Auf dem Marktplatz, über den wir in unserer Verzweiflung in Richtung unserer Wohnung liefen, befand sich ein Telefonhäuschen. Als ich es sah, kam mir ein Gedanke.

»Bitte, warte«, sagte ich zu meiner Frau und trat schnell in das Häuschen. Vorher blickte ich mich um.

Ich wollte sehen, ob mich jemand beobachtete. In dem einsetzenden Feierabendverkehr war nichts zu erkennen. Ich ließ mich mit einer Nummer verbinden, die ich zum Glück im Kopf hatte.

Niemand kann sich vorstellen, wie tief ich aufatmete, als sich mein Freund Arnold Dannenmann selbst meldete. Er hatte gerade das Büro verlassen wollen, als er von der Tür aus das Telefon läuten hörte. Ich erzählte ihm so kurz wie möglich, was vorgefallen war und wartete auf seine Antwort. Sie blieb eine ganze Weile aus, aber dann sagte er mir, er würde in Berlin sofort etwas unternehmen. Spätestens am nächsten Morgen sollte ich Bescheid erhalten. Auf jeden Fall müßte ich versuchen, auch mit meinem Superintendenten Verbindung aufzunehmen.

Um einiges erleichtert trat ich aus dem Telefonhäuschen. Wir gingen langsam heim. Für mich stand fest: Mein Freund in Berlin würde alles tun, was überhaupt möglich war.

Um es kurz zu machen: Als ich am nächsten Tag pünktlich um drei Uhr nachmittags das Dienstzimmer des Vernehmungsbeamten betrat, empfing mich dieser mit einem furchtbaren Gebrüll: »Wenn Sie glauben, Sie können mich in Berlin anschwärzen, dann haben Sie sich geirrt. Raus! Raus! Sie hören noch von uns.«

Da mußte jemand in Berlin den richtigen Draht gefunden haben. Ich hatte keine Ahnung, wer dies war und erfuhr es auch erst viele Jahre später. Eines aber stand für mich unerschütterlich fest: Gott hat überall die Fäden in seiner Hand, auch in Berlin in der Prinz-Albrecht-Straße.

5.

Das Jahr 1939 brachte mir ein bißchen Luft. Im Blick auf den kommenden Krieg hatte die Gestapo anderes zu tun. Ein Diakon war da nicht wichtig.

Allein mit der Hilfe aus Berlin war es damals nicht getan. Ich mußte auf den Rat des mir unbekannten Freundes für vier Wochen von der Bildfläche verschwinden. Nur Arnold Dannenmann wußte, daß ich mich in dieser Zeit am Ostseestrand in Bansin erholte. Das hatte ich mehr als nötig. Leider wurde diese unverhoffte zusätzliche Urlaubsfreude dadurch getrübt, daß auch meine Familie nicht wissen durfte, wo ich mich befand. Alle Post lief über A. D. (d. h. Arnold Dannenmann). Nachdem dann noch vier alte CVJMer gefunden waren, die als Parteigenossen, z. T. mit goldenem Abzeichen, für mich gutsagten, konnte ich wieder meiner Arbeit nachgehen.

Der Krieg, auf den Hitler zusteuerte, kam und änderte vieles. Mit einem Schlage wurden viele Männer zur Wehrmacht eingezogen, so daß auch in der Kirchengemeinde Wittenberg und im Kreis manche Lücke entstand.

Mein Superintendent bat mich, neben der verminderten Jugendarbeit vertretungsweise das Küsteramt an der Stadtkirche zu übernehmen. Da ich keine militärische Ausbildung hatte, wurde ich UK gestellt. Merkwürdigerweise verursachte der Sieg über Polen eine neue Mißtrauenswelle im Land. Die Gestapo wurde wieder verstärkt tätig. Anfang 1940 gab es kaum eine Veranstaltung, die ich abhielt, in der nicht ein »Abhörer« saß. Auch die Post wurde kontrolliert. Allmählich nahm dies alles eine Form an, wie sie nicht übler sein konnte. Das alles ging mir arg auf die Nerven. Hinzu kamen unverhüllte Drohungen, so daß ich die Jugendarbeit langsam auf ein Mindestmaß verringern mußte.

Die Ankündigung meines Gestellungsbefehls kam mir wie eine Erlösung vor. Ich erinnere mich an ein Gespräch mit dem Wehrbezirkskommandanten, der mir sagte, einerseits habe ich es bei der Wehrmacht gut, denn dort wäre die Macht der Gestapo gleich Null, andererseits lohne es sich fast nicht mehr, denn der Krieg sei beinahe zu Ende.

Beinahe! Als ich später in Rußland war, habe ich an dieses Wort noch oft denken müssen.

Zunächst brachte die Veränderung eine erhebliche Umstellung in mein Leben. Das begann schon bei der Rekrutenausbildung in Guben. Nur derjenige, der sie in jener Zeit mitmachen mußte, kann ermessen, welch ein lächerliches Stück Mensch damals ein Rekrut vor dem Ausbilder im Dienstgrad eines Unteroffiziers oder eines Feldwebels war. Die Type, die uns mit den unflätigsten Ausdrücken über den Kasernenhof jagte, machte eine so lächerliche Figur, daß ich trotz der furchtbaren Anstrengung, die das mit sich brachte, immer wieder laut lachen mußte. Bald stellte ich fest, daß mein Lachen nicht unbemerkt blieb. Die Rache kam.

Eines Abends, etwa eine halbe Stunde vor dem Zapfenstreich, saß ich auf dem Bettrand vor meinem Spind und las in meinem Neuen Testament. Ich war so vertieft, daß ich unseren Ausbilder nicht hereinkommen hörte. Plötzlich vernahm ich seine Stimme, und schon ihr Tonfall verhieß mir nichts Gutes.

»Aha, so, so, sieh mal einer an, da haben wir also ein frommes Kerlchen unter uns! Jetzt weiß ich auch, warum der so lachen kann. Du meinst wohl, du bist etwas Besseres als andere Menschen. Sie – hören Sie mal, stehen Sie auf, wenn ich mit Ihnen rede! Nehmen Sie Haltung an! Machen Sie erst einmal Meldung!«

Erschrocken sprang ich auf, knallte, so gut es mit meinen Hausschuhen ging, die Hacken zusammen und meldete dem Feldwebel: »Stube vier, belegt mit sechs Mann, gefegt und Staub gewischt. Schütze Reschke beim Lesen.«

»So – so, beim Lesen ist der Schütze Reschke. Was liest er denn da? Will der Schütze Reschke seinem Feldwebel das vorenthalten? Mensch!« Er brüllte nun mit voller Stärke. »Sagen Sie es laut, was Sie da lesen, die anderen wollen es auch gern hören!«

»Jawohl, Herr Feldwebel. Schütze Reschke beim Lesen in der Bibel!«

»Aha, Schütze Reschke liest in der Bibel. Habt ihr das gehört?« Er drehte sich zu den Stubenkameraden um und fuhr höhnisch fort: »Ich dachte, die gibt's gar nicht mehr. Unser Führer hat doch die frommen Brüder längst ausgerottet.«

Unter den Stubenkameraden wurde ein Murren hörbar.

»Was, ihr wollt wohl etwas dazu sagen? Sieh mal einer an. Da hat der Schütze Reschke wohl noch Genossen, Glaubensgenossen auf dieser Stube? Na wartet, wir werden einmal euren Glauben prüfen, wie gut er ist. Aber ihr könnt euch darauf verlassen, wenn euch der Arsch auf Grundeis geht, dann ist der ganze Glaube futsch.«

In jener Nacht mußten wir es ausbaden, daß ich es wagte, in der Freizeit in meiner Bibel zu lesen. Es gab einen »Maskenball«, wie man ihn sich schlimmer nicht vorstellen kann. In Abständen von einer halben Stunde jagte uns dieser Teufel in Menschengestalt aus den Betten, um mit uns Antreten zu üben, und dies jedesmal in anderer »Verkleidung«.

Ich darf sagen, daß meine Kameraden es mir nicht übelgenommen haben, daß ich der Anlaß für solchen Spuk wurde. Im Gegenteil, wir rückten nur noch fester zusammen, was bei ihnen mit Glauben gar nichts zu tun hatte.

In diesen Wochen in Guben hatte ich noch ein Erlebnis, das mir sehr zu denken gab.

In der alten »Schleifmühle«, wie wir die Kaserne nannten, lag ein ganzes Bataillon Rekruten. Das dazugehörige Gelände bot genügend Möglichkeiten, mehr als tausend Männer kriechend, robbend, hüpfend oder auch marschierend zu bewegen. Nur beim Essen wurde es kritisch. Der Speisesaal konnte die Menschen nicht alle auf einmal fassen. Es gab eine bestimmte Einteilung für die Kompanien, doch wollten alle möglichst schnell an das Essen kommen, um noch ein bißchen Mittagspause zu haben. Das Mobiliar des Speisesaales bestand aus langen rohen Tischen und Bänken, zwischen die man sich quetschte, wenn man sein Essen endlich im Napf hatte.

Ich hatte es mir von Anfang an zur Pflicht gemacht, nicht feige zu sein, sondern auch hier vor dem Essen mein Gebet zu sprechen. Das geschah auf der engen Bank ohne viel Pathos.

Eines Tages, wir waren etwa vier Wochen in der Ausbildung, entdeckte ich, daß neben mir ein Mann ebenfalls seine Hände zum Gebet faltete, ganz verstohlen unter dem Tisch.

Als wir mit dem Essen fertig waren und Napf und Löffel abgegeben hatten, erwischte ich ihn – ich kannte ihn noch nicht –, ehe er den Speisesaal verlassen konnte.

»Sag mal, Kamerad, kann ich dich mal sprechen?« fragte ich ihn.

Der Mann sah mich ganz erstaunt an und meinte draußen vor der Tür: »Was willst du denn? Ich kenne dich nicht.«

»Ich dich auch nicht«, sagte ich. »Trotzdem habe ich eine Frage. Wenn ich richtig gesehen habe, hast du vor dem Essen deine Hände gefaltet und gebetet.«

Der andere ging sofort hoch, denn er glaubte, ich

wollte ihn verhöhnen oder mich sogar über ihn lustig machen.

»Laß mich in Ruhe«, schrie er mich an. »Was ich mache, das geht dich einen Dreck an!« Damit wandte er sich von mir ab.

Ich ließ mich nicht so schnell abschütteln. Ich lief hinter ihm her, holte ihn auch wieder ein und sagte, daß ich gar nichts gegen das Beten habe. Ich hätte es doch auch getan. Mich interessierte nur, ob ich mich geirrt oder richtig gesehen habe.

Es kam dann doch noch zu einem vernünftigen Gespräch zwischen uns. Wir stellten uns vor und entdeckten, daß wir zur selben Kompanie gehörten, ohne uns schon einmal gesehen zu haben. Ich kam noch einmal auf meine Frage zurück, und als der Kamerad bestätigte, daß ich mich nicht geirrt hätte, fragte ich ihn, warum er vor dem Essen beten würde.

Vielleicht war meine Frage nicht berechtigt, aber die Antwort, die ich darauf erhielt, hat mich veranlaßt, das Ganze hier wiederzugeben.

»Ja, weißt du«, sagte er, »ich bin das aus meinem Elternhaus so gewöhnt. Dort wurde vor dem Essen immer ein Tischgebet gesprochen. Als ich dann heiratete und wir Kinder hatten, habe ich das in meiner Familie auch eingeführt. Ich meine, es kann den Kindern nichts schaden. Später können sie sich dann selbst entscheiden, wie sie es halten wollen. Für die Erziehung der Kinder ist es jedenfalls gut.«

Beten – gut zur Kindererziehung. Mir ging das Gespräch noch lange nach. Trotzdem, wir wurden gute Freunde, solange wir in der Ausbildungskompanie zusammen waren. Vielleicht schon deshalb, weil er Bayer und ich Berliner war, während alle anderen Kameraden unserer Kompanie aus Sachsen kamen. Die Sachsen aber hatten – wenigstens damals – neben vielen guten eine ganz schlechte Eigenschaft: Sie konten auch bei

»Stillgestanden« nicht den Mund halten. Das brachte uns viele Meter auf dem Bauch kriechend über den Kasernenhof ein.

Das Leben im Krieg – in Polen und Rußland und sicher auch anderswo – war hart. Aber es gab auch Tage und Stunden, in denen war es glücklicherweise einigermaßen erträglich.

Infantrie-Nachrichten-Männer sind immer ganz vorn. In Polen hatten wir es aber verhältnismäßig gut. Abgesehen von Übungen und gelegentlichen Partisaneneinsätzen, hatten wir viel Ruhe. Das wurde in Rußland anders.

Ich kann mich noch lebhaft erinnern, wie es war, als die Nachricht durchs Radio kam, daß wir uns nun mit Rußland im Krieg befinden. Bestimmt nicht nur mir, sondern sehr vielen anderen fuhr der Schrecken in die Glieder. Rußland, das Land mit den ungeheuren Weiten, den riesigen Wäldern, den großen Steppen, den mächtigen Strömen. Wohin wollte man uns noch jagen?

Bald waren wir mitten drin. Und eines Tages lag ich mit meiner ersten Ruhr danieder. Gleichzeitig stellte sich ein arger Herzfehler ein. Um ein Haar hätte man mich nach Hause geschickt, aber eben nur um ein Haar. Statt dessen kam ich zum Divisionsstab und wurde »Führer des Ordonanzenkommandos«. Wer glaubt, daß dies ein Druckposten war, der irrt sich; denn wir lagen mitten im ärgsten Partisanengebiet im Mittelabschnitt. Auch der Divisionsstab stand unter ständiger Alarmbereitschaft.

Wir waren wieder einmal von einem Einsatz zurückgekommen. Noch bewegten uns die Bilder, die wir sehen mußten: Bis zur Unkenntlichkeit verstümmelte Kameraden, die wir in einem Dorf vorfanden.

Ich hatte mich in unserer Panjebude gerade gewaschen und wollte mich über meine Verpflegung hermachen, da ging die Tür auf und ein Hauptmann unseres Stabes trat ein. Es war der sogenannte Ic. Ich sprang auf, machte eine vorschriftsmäßige Meldung, weil ich wußte, daß dieser Offizier darauf besonderen Wert legte, und wartete der Dinge, die da kommen sollten. Jeder von uns kannte diesen Mann als einen »Hundertfünfzigprozentigen«, dem es Freude machte, die Gesinnung anderer zu prüfen.

Der Hauptmann ging durch die Stube, in der sich nur ein Feldbett, ein wackliger Tisch, zwei Stühle und ein Spind befanden. Er blickte hierhin und dorthin. Dann blieb er vor dem Feldbett stehen, deutete auf eine Postkarte, die ich an die Wand geheftet hatte und auf der ein Wort von Luther stand, und fragte: »Gefreiter Reschke, glauben Sie diesen Quatsch?«

Blitzschnell durchzuckte es mich, und immer noch im »Stillgestanden« fragte ich zurück: »Herr Hauptmann, ist das eine dienstliche oder eine private Frage?«

Der Mann sah mich verblüfft an und sagte: »Rühren Sie, natürlich ist diese Frage privat.«

Daraufhin bewegte ich mich wieder ganz normal und sagte: »Dann gestatten Sie sicher, Herr Hauptmann, daß ich Ihnen auch privat antworte.« Ich muß einfügen, daß ich genau wußte, welch ein Spötter und Verächter des christlichen Glaubens dieser Mensch war.

Ich fuhr fort: »Sie, Herr Hauptmann, glauben, daß zwei Pfund Rindfleisch eine gute Suppe geben. Für mich aber ist entscheidend, was auf dieser Karte steht. Das Wort ist ein Kernstück *meines* Glaubens.«

Das Gebrüll, in das dieser Mensch daraufhin ausbrach, war bis auf die Straße zu hören. Er warf mir alles mögliche an den Kopf, nur nichts Gutes. Zum Schluß drohte er mir, er werde dem Major, unserm Divisionsadjutanten, dem das Ordonanzenkommando unmittelbar unterstellt war, Meldung machen und meine sofortige Bestrafung verlangen. Gleich darauf flog die Tür meiner Stube mit hörbarem Krach hinter ihm zu.

Dieser Knall brachte mich zur Besinnung. Mir wurde bewußt, daß meine Art der Verteidigung meines Glaubens böse Folgen haben konnte. Dieser Hauptmann war bei uns nicht nur wegen seiner Gesinnung verhaßt, sondern auch wegen seiner Hinterhältigkeit und Rachsucht. Hier konnte, hier mußte mir einer helfen, der über ihm stand: Der Major selbst, von dem er gesprochen hatte.

Mein Major, wie ich ihn gern nannte, kam aus einem evangelischen Pfarrhaus. Er hat sich bestimmt allerlei geleistet, wenn wir in Ruhe lagen, besonders mit Frauen, aber er war trotzdem ein »feiner Kerl«, ehrlich, geradezu, und konnte vor allem Spott über Glaubensdinge nicht vertragen. Da ich jederzeit zu ihm kommen durfte, machte ich mich sofort auf den Weg und berichtete ihm den Vorfall.

Der Major schüttelte bedenklich den Kopf, brach dann aber doch in ein unbändiges Gelächter aus.

»Mensch, Reschke«, sagte er endlich, »was Sie sich da geleistet haben, ist nicht ganz leicht zu nehmen, vor allem dann, wenn der Hauptmann wirklich offiziell Meldung macht. Trotzdem, ich will versuchen, die Sache abzubiegen, denn es war wirklich höchste Zeit, daß der Kerl mal was auf die Schnauze bekam. Sie haben übrigens Glück: Wir stehen ab morgen in erhöhter Alarmbereitschaft und sind morgen abend sicher schon im Einsatz.«

Der Major behielt recht. Die Alarmbereitschaft setzte bereits am Abend dieses Tages ein. Von diesem Augenblick an hatte der Ic der Division anderes zu tun, als einen kleinen Gefreiten wegen einer solchen, sicher auch für ihn nicht ganz astreinen Sache, zur Meldung zu bringen.

Dieser Alarm erhielt für mich besondere Bedeutung.

Allgemein war es üblich, daß das mir unterstellte Kommando in solchen Fällen in der Ruhestellung blieb. Dieses Mal aber wurde es anders. Auf ausdrücklichen Befehl unseres Generals kam die ganze Division mit allen Stäben und rückwärtigen Diensten zum Einsatz. Eine umfassende Aktion gegen die im rückwärtigen Heeresgebiet Mitte operierenden Partisanenverbände sollte gestartet werden. Die Verluste bei Transporten jeglicher Art, die die Front mit wichtigem Nachschub versorgen sollten, waren inzwischen so groß geworden, daß endlich die Menschen und Material kostenden Störaktionen unterbunden werden mußten. Dazu waren zwei Divisionen bereitgestellt.

Gegen Abend rückten wir aus und bezogen in einem verlassenen Dorf am Rande eines riesigen Waldgebietes Stellung. Die andere Division sollte von Süden her auf dasselbe Waldgebiet vorgehen.

Die Posten waren aufgestellt, alle übrigen in unserem Stab hatten sich in den Häusern des Dorfes einquartiert und versuchten, wenigstens ein paar Stunden zu schlafen.

Etwa gegen Mitternacht wurde ich geweckt. Aus dem Schlaf auffahrend, wußte ich zunächst nicht, wo ich war. Dann aber erkannte ich im Schein einer Taschenlampe meinen Kameraden Erhard, der mir zuflüsterte, ich sollte sofort zum General kommen. So schnell es mir möglich war, zog ich mich wieder vollständig an, nahm meinen Karabiner, setzte den Stahlhelm auf und lief hinter Erhard her zu dem Haus, in dem sich der General einquartiert hatte.

Unser General, ein baumlanger, hagerer Wiener, der einen herrlichen österreichischen Dialekt sprach, wurde von allen Soldaten der Division wie ein guter Vater verehrt. Wo er auch auftauchte, an der Front, im dicksten Schlamassel, oder irgendwo hinten in Ruhestellung, sprach er jeden Mann an, der ihm begegnete und fragte nach seinem persönlichen Ergehen. Solche Fragen waren nicht belanglose Floskeln, sondern echte Anteilnahme. Sie gingen manchmal so weit, daß er dafür sorgte, wenn er von einem Mann den Eindruck hatte, er habe echte Sorgen, er ihn außer der Reihe zu einem kurzen Urlaub heimschickte. Im übrigen wußte jeder, daß er ein frommer Katholik war, der nicht scheute, sich zu seinem Glauben zu bekennen.

Zu diesem General mußte ich mich in jener Nacht durch die Dunkelheit tasten, denn außerhalb der Häuser durfte nicht der geringste Lichtschein zu sehen sein. Was er von mir wollte, konnte mir auch mein Kamerad Erhard nicht sagen. Es mußte aber etwas Besonderes sein, sonst hätte der General einen seiner Männer nicht aus dem Schlaf wecken lassen.

Das Generalsquartier lag in tiefer Dunkelheit. Kein Lichtschimmer drang durch die Fenster nach draußen. Als ich eintrat, konnte ich beim Schein einer Kerze in dem Mann, der da mit Hose und Hemd bekleidet hinter einem Tisch saß, nur mit Mühe unseren Divisionskommandeur erkennen. Ich machte vorschriftsmäßig Meldung und wartete.

Der General stand auf, kam hinter dem Tisch hervor, trat auf mich zu und legte mir seine Rechte auf die Schulter. Als Führer des Ordonanzenkommandos kannte er mich.

»Reschke«, sagte er in seiner bedächtigen wienerischen Art, »ich muß Sie leider mit einem Auftrag 'rausschicken, der nicht sehr angenehm ist. Aber zu Ihnen habe ich das Vertrauen, daß Sie meinen Befehl auch wirklich korrekt ausführen werden.«

Er blickte mich einen Augenblick lang an, während mir das Herz klopfte.

»Kommen Sie doch her an den Tisch. Ich will versuchen, Ihnen unsere Lage zu erklären.«

Der General zeigte mir auf der Karte die Stellungen

unserer Division und die vermutliche Stellung der Nachbardivision. Dann sagte er: »Wir haben den ganzen Abend auf eine Nachricht gewartet, doch da scheint irgendwie der Wurm drin zu stecken. Sie müssen, um es kurz zu machen, mit einem Wagen so weit wie möglich diesen Weg in den Wald hineinfahren. Dann steigen Sie aus und laufen Sie, soweit Sie dazu Mut haben. Dann schießen Sie Leuchtkugeln, die Ihnen der Feldwebel noch geben wird. Nehmen Sie sich einen Fahrer mit, der solange im Wagen bleibt, und kommen Sie sofort zurück, wenn Sie ein Antwortsignal gesehen haben, aber auch dann, wenn es ausbleiben sollte. Unter allen Umständen muß der Fahrer sofort zurückkommen.

Bei diesen letzten Worten lief es mir kalt über den Rücken. Ich muß den General ein wenig entsetzt angesehen haben. Plötzlich legte er mir noch einmal die Hand auf die Schulter und sagte: »Gehen Sie mit Gott, Reschke! Er behüte Sie!«

Es war schwer für mich, einen Fahrer zu finden. Keiner hatte Lust mitzukommen. Jeder ahnte, daß es sich um ein sogenanntes »Himmelfahrtskommando« handelte. Ich mußte schließlich dem Karl den Befehl geben, aufzustehen und mich zu begleiten.

Wir fuhren so leise, wie es der Kübelwagen zuließ. Außer dem Karabiner hatten wir das Koppel voller Handgranaten. Um uns her war tiefste Finsternis. Wir konnten uns nur nach oben an der Lücke zwischen den Baumreihen orientieren. Nach einer Weile mochte Karl nicht weiterfahren. Ich stieg aus und befahl ihm, den Wagen zu wenden und den Motor laufen zu lassen. Mir war klar, daß Partisanen, die vielleicht im Dunkel des Waldes lauerten, uns längst bemerkt haben mußten.

Zum größten Erstaunen meines Kameraden ließ ich den Karabiner und die Handgranaten zurück und nahm nur die Leuchtpistole. Auf seine leise Frage sagte ich ihm, daß mir das Zeug wohl wenig nützen würde, wenn die anderen im Dunkel des Waldes wären. Beim Laufen aber konnte es mich nur hindern.

Und dann ging ich los. Ich konnte mich des Gefühls nicht erwehren, daß tausend Augen aus dem Dunkel heraus meinen Weg verfolgten. Sicher standen mir, wie man so sagt, die Haare zu Berge, aber innerlich gab es für mich in dieser grausigen Stunde nur einen Gedanken: Wenn ich hier wieder heil herauskomme, dann verdanke ich dies weder meinem General noch mir selbst noch einem anderen Menschen, sondern einzig und allein dem, der die Menschenherzen lenkt und auch machen kann, daß kein Finger den Abzug eines Karabiners durchzieht.

Die drei- oder vierhundert Meter, die ich gegangen bin, waren mit allen möglichen Gedanken gepflastert, die ein Mensch, auch ein glaubender, in solcher Situation denken kann. Im Grunde war es eine Schlußabrechnung über mein Leben.

Dann konnte ich nicht mehr. Auch meinte ich, die Entfernung zu dem Wagen sei nun weit genug. Ich reckte den Arm hoch und schoß die Leuchtkugeln ab. Jetzt würde ich noch ein letztes Knallen und Rattern hören, und dann war alles vorbei.

Aber es blieb totenstill. Nichts regte sich in dieser tiefen furchtbaren Dunkelheit. Oben am Himmel standen die Leuchtkugeln, die langsam tiefer sanken und verloschen. Eine Antwort von irgendwoher konnte ich nicht entdecken.

Dann bin ich zurückgegangen. Das war noch viel schwerer als der Weg in den Wald hinein. Mir war, als würde jemand in diesem Augenblick sagen: Wenn du jetzt rennst, dann knallt es!

Als ich im Wagen saß, rann mir der Schweiß am ganzen Körper herab. Ich war am Ende meiner Kraft.

Man mußte den General wecken. Er war wohl gerade

ein bißchen eingeschlafen. So verschlafen blickte er mich auch an, und in seinem Blick lag so etwas wie ein großes Wundern.

»Reschke«, sagte er nur, »Sie sind wirklich wieder da?« Und plötzlich hob er die Hand zur Mütze, die er gar nicht aufhatte, und grüßte mich. Dann durfte ich unter meine Decke kriechen.

Der andere Tag zeigte es: Mein Signal war nicht vergeblich gewesen. Es hatte der Nachbardivision den Weg gewiesen. Als wir nach einem schweren, verlustreichen Gefecht noch einmal jenes Waldstück durchkämmten, stellten wir an vielen Merkmalen fest, daß links und rechts von jenem Weg schon in der Nacht der Feind in Bereitschaft gelegen hatte. Keiner jedoch hatte den Finger krumm gemacht. Warum?

Neben tiefster Dankbarkeit, die mein Herz bewegte, brachte mir dieses Unternehmen die unmittelbare Beförderung zum Unteroffizier. Der General selbst sprach sie am nächsten Tag in einer Einsatzpause aus.

Ein Erlebnis, das meine Männer und mich sehr erschüttert hat, will ich noch berichten. Von einem neuerlichen schweren Einsatz zurück, stellten wir fest, daß auch die Stabskompanie viel Material eingebüßt hatte. Das sollte so schnell wie möglich wieder ergänzt werden. Ein Ordonanzenkommando war – wenigstens bei uns – Mädchen für alles. Während die anderen Kameraden sich ausruhen konnten und ihre Sachen in Ordnung brachten, mußten wir uns um die Offiziere kümmern, für sie das Notwendige beschaffen, und hatten darüber hinaus für besondere Aufgaben zur Verfügung zu stehen.

So erhielt ich eines Morgens den Befehl, mit meinen Männern auf einem LKW in ein etwa dreißig Kilometer entferntes Waldlager zu fahren und dort eine Menge wichtiger Gegenstände zu holen. Von diesem Lager hatten wir bis dahin keine Ahnung, d. h. wir wußten gar nicht, daß es existierte.

Nach einer Stunde Fahrt über oft fast grundlose Wege, von denen die letzten zehn Kilometer nur durch Wald führten, kamen wir dort an. Zu unserer Verwunderung wurde das Tor der sehr hohen Umzäunung von SS-Männern bewacht. Da die Papiere, die der Stabsfeldwebel uns mitgegeben hatte, in Ordnung waren, durften wir passieren. Zuvor aber war uns noch eingeschärft worden, den uns gewiesenen Weg auf keinen Fall zu verlassen und nach Beladen des Wagens sofort wieder zurückzukommen.

Wir blickten uns verwundert an. Einige meiner Männer machten Bemerkungen, die ich aber sofort verbot, da mir die ganze Sache mehr als merkwürdig vorkam.

Unsere Arbeit war bald beendet. In der Baracke, in der wir die gewünschten Ersatzteile bekamen, hatten wir es nur mit Deutschen zu tun, allerdings waren es ebenfalls SS-Männer.

Wir waren bereits auf dem Rückweg zum Tor, da hörten wir Gesang, besser gesagt: ein heiseres Gebrüll. Karl, der den Wagen fuhr, sah sie zuerst.

Er stieß mich an.

»Mensch, sieh mal, das sind ja Juden«, sagte er. Zugleich fuhr er den Wagen rechts heran, denn die Kolonne kam uns mitten auf dem Weg entgegen.

Es war entsetzlich! Keiner von uns wußte vorher davon. Niemand hatte ähnliches gesehen. Zerlumpt, mit um die Glieder schlotternden Kleidungsstücken, taumelten jämmerliche Gestalten in Marschkolonne über die Straße. Dabei bemühten sie sich zu singen, immer wieder von den sie begleitenden SS-Wachsoldaten aufgefordert, lauter in das Lied einzustimmen. »Es zog ein Hitlermann hinaus, der ließ sein Mütterlein zu Haus«, sangen sie. Die seitlichen Wachen hatten große Schäferhunde bei sich, die ab und zu ins Glied fuhren und irgendwo zubissen, was jedesmal ein jämmerliches Geheul auslöste. Blieb aber etwa eine dieser Elendsgestalten zurück, dann hagelte es Schläge mit hölzernen Schlagstöcken, die einfach von oben herabsausten. Mehrere dieser armen Menschen blieben blutend am Wegrand liegen.

Ehe ich es noch verhindern konnte, war mein Fahrer Karl hinausgesprungen, auf einen SS-Wachmann zugelaufen und im Begriff, ihm den Schlagknüppel aus der Hand zu reißen. Mich durchfuhr es siedend heiß. Das konnte böse Folgen haben. Also sprang ich hinterher und brüllte: »Karl, zurück! Du kommst sofort in den Wagen.«

Der SS-Mann hatte sich indessen von seiner Überraschung erholt und wollte gerade die Alarmpfeife an den Mund setzen, da war ich bei ihm.

»Lassen Sie das«, sagte ich leise, aber sehr eindringlich. »Sie sehen doch, mein Kamerad ist so erschüttert, daß er gar nicht anders handeln konnte. Sie werden ihn deswegen doch nicht noch unglücklich machen wollen.«

Ich hatte Glück. Der Mann war anscheinend nicht nur als Wachhund gedrillt worden, sondern hatte noch ein bißchen Herz behalten.

»Einverstanden, Herr Unteroffizier«, sagte er, »aber ich bekomme Ihr Wort, daß Sie von dem Vorfall bei Ihrer Einheit Meldung machen.«

Ich sagte es dem SS-Mann sofort zu, und noch ehe sich andere in den Vorfall einmischen konnten, saßen wir auf unserem LKW und rollten dem Tor zu. Aufatmen konnte ich aber erst, als wir endlich draußen waren und so schnell, wie es auf diesen Wegen möglich war, den Rückweg antraten.

Wir waren alle tief erschüttert. Einer der Männer faßte diese Bewegung für sich mit den Worten zusammen: »Es ist schrecklich, wenn Menschen zu Tieren degradiert werden und andere Menschen sich dazu hergeben.«

Ich benutzte die Gelegenheit zu der Bemerkung: »Das kommt daher, daß es Menschen gibt, die keine Verantwortung mehr vor Gott kennen, bei denen jeder Glaube zerschlagen wurde. Vielleicht ist es gut, daß wir dies einmal gesehen haben. Wir sollten darüber nachdenken.«

Wir fuhren sehr nachdenklich zurück. Es wurde kaum noch ein Wort gesprochen.

Leider mußte ich den Vorfall melden. Ich ging damit gleich zum Major, weil ich bei ihm am ehesten auf Verständnis hoffen konnte. Mein Major schüttelte nur den Kopf. Dann ging er hinüber ins Quartier des Generals. Ich wunderte mich, daß er mit dieser, mir belanglos erscheinenden Sache den General belästigte. Einige Wochen später sah ich es anders, als nämlich dieser General, der väterlich-gütige Mann aus Wien, nach einem ähnlichen Vorfall, bei dem er seine ganze Autorität zugunsten der gequälten Menschen in die Waagschale warf, ganz plötzlich von seinem Posten abgelöst und zur sogenannten Führungsreserve nach Wien versetzt wurde.

Karl bekam wegen Einmischung in einen fremden Befehlsbereich einen Verweis, und ich selbst, als der verantwortliche Unteroffizier, durfte zwei Wochen lang zusätzlich des Nachts die Wachen kontrollieren. Wir haben uns beide aus dieser Bestrafung nichts gemacht, aber der Vorfall selbst ging uns sobald nicht aus dem Sinn. Ich selbst habe dieses Erlebnis lange nicht loswerden können. Was konnte ich tun? Ich habe für diese armen gequälten Menschen gebetet, aber auch dafür gedankt, daß mein Kamerad Karl nicht in die Hände der dortigen SS-Offiziere gefallen war. Es wäre ihm sicher schlecht ergangen.

Im Herbst 1943 wurden wir verlegt. Wir kamen in die

Ukraine und bezogen unsere Stellungen direkt am Djnepper, eine Linie, die zum Auffang vorgesehen war. Nur wenige Tage hatten wir dort Ruhe, dann begann die große Herbstoffensive der Russen. Zuerst aber erlebten wir die zurückkommenden, geschlagenen Truppenverbände, die den Russen weichen mußten. Es waren oft keine Verbände mehr, sondern wilde Haufen erschütterter und zumeist verwundeter Menschen.

Dann aber kamen die Angriffe auf Tschernigow, und es dauerte nicht lange, da hieß es, die Stadt sei eingeschlossen. Der neue Divisionskommandeur, ein Generalleutnant, befahl Verteidigung bis zur letzten Patrone. Der Neue war übrigens einer von den hundertfünfzigprozentigen Typen, eine seltsame Mischung von Zivilist und Militär. Es hieß, er sei irgendwo Polizeipräsident gewesen und auf Grund seines hohen Ranges in der SS als Generalleutnant vom Heer übernommen worden. Ich lernte ihn näher kennen und entdeckte dabei, daß er für sein Leben gern Kartoffelpuffer aß. Nach einer solchen Mahlzeit, die sich verhältnismäßig leicht herstellen ließ, war er stets gut aufgelegt und viel besser ansprechbar als sonst. Nicht nur mein Major, sondern auch andere Offiziere des Stabes nutzten das aus und baten mich ab und zu um »Kartoffelpufferhilfe«.

Während die Russen mit ihrer Artillerie schon in die Stadt hineinschossen, bekam ich meinen dritten schweren Ruhranfall. Der zweite war erst vor einigen Wochen abgeklungen. Unser Oberfeldarzt, der mich untersuchte, als ich vor Schmerzen fast besinnungslos war, ordnete sofortigen Abtransport ins Lazarett an. Das ging zwar einigermaßen schnell, da die Weisungen vom höchsten Arzt der Division selbst kamen, nützte mir aber sehr wenig. Bei der letzten Verlegung des Lazaretts waren ein großer Teil der schmerzstillenden

Mittel verlorengegangen und noch nicht ersetzt worden.

Unser Oberfeldarzt, der am nächsten Tag nach mir sah, während draußen die schweren Geschosse der Russen in die Häuserfronten einschlugen und unter meinen Kameraden schwere Verluste verursachten, sagte zu mir: »Hier krepieren Sie, Reschke. Wenn Sie hier liegen bleiben, können Sie sich ebenso gut nach vorn begeben und vom Russen eins verpassen lassen.« Er überlegte, dann sagte er plötzlich: »Gegen Abend soll noch ein Ju auf den Dnjepperwiesen landen, das heißt, wenn der Pilot es schafft. Die fliegt Verwundete nach Minsk. Vielleicht kann ich Sie mitschicken.«

Der Abend kam. Plötzlich verbreitete sich das Gerücht, eine Ju 52 sei auf den Wiesen gelandet. Der Russe habe die Wiesen aber bereits unter Beschuß. Die Maschine müßte sofort weiterfliegen.

Ich lag mit schweren Schmerzen in einem Dämmerzustand. Der Oberfeldarzt war irgendwo an einem Frontabschnitt der Division. Niemand kümmerte sich um mich. Plötzlich kam ein Feldwebel in den Raum gelaufen.

»Ist hier ein Unteroffizier Reschke?« schrie er und lief bereits wieder weiter. Ich selbst bekam von dieser Frage nichts mit, aber der neben mir liegende Kamerad schrie dem Feldwebel nach, daß ich der Gesuchte wäre.

Als letzten brachten sie mich auf einer Bahre zum Flugzeug. Weil für die Bahre einfach kein Platz mehr war, wurde ich so zur Tür hineingeschoben, wobei ich mich vor Schmerzen krümmte. Die Maschine rollte an – und in dem Augenblick, da eine ganze Lage Geschosse in den gegenüberliegenden Rand der Wiesen hineinrauschte, hob die Ju 52 ab, gewann mühsam an Höhe und verschwand, tief über den Baumwipfeln fliegend, in westlicher Richtung über dem Waldgebiet hinter dem Fluß.

Eine Stunde später landeten wir in Minsk, wurden in Sanitätswagen verladen und zu einem Lazarett gefahren, das eine Fahrtstunde südlich von Minsk lag. Über diesen Abend weiß ich nur noch, daß ein anderer Kamerad aus meiner Division, der als Verwundeter auch dabei war, versucht hatte, seine Einheit anzurufen. Ihm wurde gesagt, daß seit einer Stunde jegliche Verbindung unterbrochen sei. Wochen später erfuhr ich, daß die meisten Angehörigen meiner Division gefallen wären. Ich habe nie wieder mit einem von ihnen Verbindung bekommen.

Nachdem unter sachkundiger Behandlung die Schmerzen etwas nachgelassen hatten, nahm ich auch an den Vorgängen in meiner neuen Umgebung wieder Anteil. Im Zimmer lagen wir zu viert, darunter zwei schwere Typhusfälle, die aus Platzmangel nicht verlegt werden konnten. Man hatte sie durch eine Zwischenwand ein wenig von uns anderen isoliert.

Das Lazarett selbst war merkwürdig gebaut. Es lag inmitten eines Eisenbahndreiecks. Daraus war zu entnehmen, daß an einen Kriegsgebrauch nicht gedacht worden war. Wir sollten bald merken, welche Katastrophe das für uns werden konnte. Zunächst aber war es still, und in dieser wohltuenden Ruhe und Versorgung schien sich auch mein Bauchinneres wieder zu beruhigen.

Eines Abends aber gab es plötzlich Fliegeralarm. Niemand nahm dies allzu tragisch. Wer laufen konnte, wanderte in den parallel zum Hauptgebäude zwei Meter unter der Erde ausgebauten Deckungsgraben ab. Die Transportfälle wurden von uns gleich mitgenommen. Die schwerer Verwundeten blieben einfach oben. Für sie hatte man noch keine Möglichkeit schaffen können.

Die Ursache dieses Fliegeralarms war eine sogenannte »Nähmaschine«, ein kleineres Flugzeug des

Russen, das wohl mehr zur Aufklärung flog und selten eine vergleichsweise harmlose Splitterbombe abwarf. Das seltsame Geräusch, das diese Maschine machte, hatte ihr den Spitznamen »Nähmaschine« eingebracht. Von da ab kam die Nähmaschine jeden Abend und immer um die gleiche Zeit. Zuletzt nahm den Alarm niemand mehr ernst. Wir zogen uns zwar befehlsmäßig an, blieben aber auf unseren Betten liegen.

So geschah es auch an dem Abend, der so vielen Menschen in diesem als Lazarett gekennzeichneten Gebäude das Leben kostete. Wieder gab es Alarm. Wir spielten gerade Skat und ließen uns nicht weiter stören. Aus dem unteren Stockwerk, in dem ein scharfer Stationsfeldwebel regierte, hörten wir die Geräusche des Abwanderns in den unterirdischen Deckungsgraben.

Mitten im Spiel legte ich mit einem Mal die Karten hin und erklärte, ich müßte dringend auf einen gewissen Ort. Trotz Protestes der Mitspieler zog ich meine viel zu weiten Militärunterhosen an und machte mich auf den Weg. Kaum aber stand ich draußen auf dem Gang, der durch die ganze Länge des Gebäudes an der Innenseite entlanglief, da fühlte ich mich plötzlich gepackt. Mit einem ungeheuren Druck flog ich durch die ganze Länge des Flures und landete mit Wucht in einem an dessen Ende stehenden Schrank, der mit mir umkippte und mich unter sich begrub. Der Schlag, den ich dabei gegen den ganzen Körper erhielt, war so stark, daß ich die Detonation der Bombe überhaupt nicht wahrnahm. Nach einem Augenblick der Stille folgte ein Inferno von Schmerzens- und Todesschreien. Das war so entsetzlich, daß ich dort unter dem Schrank unwillkürlich versuchte, mir die Ohren zuzuhalten, was sich aber nicht machen ließ. Ich stellte jedoch fest, daß ich, abgesehen von Hautabschürfungen und Beulen, wohl keine weiteren Verletzungen erlitten hatte.

Nur schnell hier hinaus! war mein Gedanke. Ich versuchte mich aufzurichten und den Schrank von mir abzuwälzen. Zum Glück gelang dies einigermaßen, und ich konnte sehen, was die Bombe angerichtet hatte.

Von irgendwoher flackerte Feuerschein auf. Die Schreie der Verletzten klangen unvermindert furchtbar durch die Trümmer, die meine Augen sehen konnten. Die ganze Fensterfront zum Innenhof lag in Trümmern. Der Fußboden hing zum Teil nach unten durch und – soweit ich dies in dem Halbdunkel übersehen konnte – einige Zimmer in diesem obersten Stockwerk waren durch den Explosionsdruck wie weggeblasen, darunter auch die Stube, in der ich noch vor wenigen Minuten Skat gespielt hatte.

Wie ich dann in den Deckungsgraben gekommen bin, weiß ich nicht mehr. Ich muß ihn über die Trümmer hinwegkriechend erreicht haben. Hier unten herrschte eine gespannte, angsterfüllte Stille. Wir Soldaten in Rußland waren wohl an jegliche Art von Artilleriebeschuß, nicht aber an Bombenangriffe gewöhnt. Die Dunkelheit in dem gerade nicht sehr geräumigen, dafür aber sehr langen Deckungsgraben, wurde durch sogenannte Hindenburglichter schwach erhellt.

Plötzlich schrie jemand laut. »Sie kommen!« Auch hier, knapp zwei Meter unter der Erde, hörten wir die Flugzeuge herankommen. Niemand konnte sagen, wie weit sie noch entfernt waren. Aber gleich darauf vernahmen wir die dumpfen Einschläge der abgeworfenen Bomben, die eine schwere Erschütterung im Balkenwerk unseres Grabens mit sich brachten.

»Das war drüben hinter dem Bahndamm«, sagte eine Stimme neben mir. Sie gehörte einem Oberleutnant, der auf einer Bahre lag. Man hatte ihm beide Beine amputiert.

»Wenn die so weitermachen, dann trifft die nächste oder übernächste Lage direkt hier herein. Der einzelne

Abwurf vorhin war bestimmt nur eine Art Generalprobe.«

Ich schauderte, denn ich wußte, daß diese sogenannte Generalprobe bestimmt ein paar hundert Menschen das Leben gekostet hatte.

»Keine Angst haben, Kamerad!« sagte der Oberleutnant plötzlich zu mir. »Einmal trifft es doch jeden. Es ist nur die Frage, wie es danach aussieht.«

Wieder wurde es ganz still. »Sie kommen wieder«, sagte eine Stimme. »Vielleicht haben wir diesmal noch Glück.«

Wir hatten Glück, wenn man es so bezeichnen kann. Die nächste Lage mußte genau den Bahndamm vor unserem Lazarett getroffen haben, denn wir hörten zugleich mit der Explosion ein schreckliches Heulen. Das waren wohl die Eisenbahnschienen, die durch die Luft gewirbelt wurden. Die Stille aber, die danach einkehrte, ähnelte der in jenem Waldgebiet, in dem ich damals ein Signal zu schießen hatte.

Mit einem Mal wurde die Stille durch ein seltsames Raunen durchbrochen, das von den Hunderten kam, die auf den nächsten Bombenschlag warteten. Es kam mir aus der Dunkelheit entgegen, es klang neben mir auf und war hinter mir zu hören: es wurde gebetet – ganz laut, still vor sich hin und so leise, daß es kaum jemand verstehen konnte. Tausend Männer, dazwischen ein paar Frauen – die Schwestern – beteten, jeder so gut er es konnte oder danach, was er einmal gelernt und noch behalten hatte. Das ging vom »Vaterunser« über »Lieber Gott, mach mich fromm, daß ich in den Himmel komm« bis hin zu einzelnen Wortfetzen und einem Wortgestammel, das nur noch für den verständlich war, der es in dieser Not von sich gab. Tausend Menschen beteten! Und ich betete auch.

Die Flugzeuge kamen wieder. Wir hörten das Rauschen und Pfeifen der herabstürzenden Bomben. Jeder fiel dort auf den Boden, wo er dafür ein Fleckchen fand. Alle warteten auf den Tod.

Das Krachen und Bersten war furchtbar! Aber daß wir es hörten, zeigte uns sehr schnell, daß wir noch einmal davongekommen waren. Die Lage der Bomben war jenseits des Lazarettgebäudes in den anderen Bahndamm gefahren.

Ich kann nicht sagen, wieviel Tote dieser Angriff kostete, Tote unter verwundeten und kranken Lazarettinsassen, die durch große rote Kreuze auf den Dächern geschützt sein sollten. Ich kann aber etwas anderes bezeugen: Ich habe gehört, wie Hunderte dieser Männer und auch Frauen in der letzten Not beteten, weil ihnen plötzlich klar geworden war, daß nur einer das Unheil abwenden konnte – der lebendige Gott, der je und dann auch Bomben in eine andere Richtung lenkt und das Leben weitergehen läßt. Ja, natürlich, je und dann. Viele Gebete wurden in gleicher Not gesprochen, und Gott hat sie nicht erfüllt. Sein Ratschluß bleibt oft genug unerforschlich. Er gibt und nimmt das Leben. Er hat die Fäden in der Hand, er allein!

6.

Die letzten Kriegsmonate brachen an. Für viele Menschen, auch für mich, brachten sie etwas Neues, nicht weniger furchtbares: die Gefangenschaft.

Zuvor kam ich nach Breslau. Das Lazarett bei Minsk wurde aufgelöst, wir übriggebliebenen Verwundeten und Kranken abtransportiert. Das Standortlazarett I in Breslau am Südpark war in den nächsten neun Monaten mein Aufenthaltsort. Ich habe dort sehr schwere, aber auch frohe Stunden verlebt. Ich lernte neue Menschen kennen, vor allem manche Ärzte. Einer von ihnen, ich weiß seinen Namen nicht mehr, hat sich um meine völlig zerrüttete Gesundheit verdient gemacht. Er ruhte nicht eher, bis er nach langwierigen Untersuchungen im Labor die Ursache meines schrecklichen Darmblutens fand, das nicht aufhören wollte. Er entdeckte »Lamblien« im Gallensaft, ein winzig kleiner Parasit, der nur bei stärkster Vergrößerung und ganz bestimmter Einfärbung von Flüssigkeit aus der Galle sichtbar wurde. Zugleich wurde festgestellt, daß eine meiner Nieren ganz außer Funktion war, was aber fast wie eine Nebensache anmutete. Die Niere sollte entfernt werden, doch ich gab dazu nicht mein Einverständnis. Wieder war es jener Arzt, der sich mit den damals bekannten Mitteln und Möglichkeiten mühte, bis die Niere wieder zu arbeiten anfing.

Als ich nach einem dreiviertel Jahr soweit hergestellt war, daß man es wagen konnte, mich dienstfähig zu schreiben, war aber an Frontdienst nicht mehr zu denken. Ich kam zu meiner neuen Ersatzabteilung nach Halle an der Saale und damit ganz in die Nähe von Wittenberg, wo sich meine Familie befand. Leider stellten sich bald wieder Beschwerden ein. Die Darmfunktion war erheblich gestört. Ich bekam keine Ruhe. Als ich mich in Halle im Lazarett melden mußte, sagte man mir, es sei durchaus möglich, mich nach Wittenberg zu verlegen. Zuvor aber verlebte ich noch in Halle Weihnachten.

Es wurde ein seltsames Weihnachtsfest, ein Fest mit »Christbäumen«, die nicht aus einem Walde stammten.

Da ich durch die Nähe meiner Heimatstadt oft Besuch haben konnte, war ich über Heiligabend zum Dienst eingeteilt worden. Als UvD hatte ich freiwillig die Wache übernommen, da ich die Kaserne sowieso nicht verlassen durfte, und mich mit einem Buch und meinem kleinen Neuen Testament in der Wachstube »eingerichtet«. So gegen zehn Uhr abends zündete ich mir eine Kerze an, die ich auf einem Tannenzweig befestigte und las die Weihnachtsgeschichte aus Lukas 2. Ab und zu klingelte das Telefon, irgendeine Meldung kam durch, oder ich mußte selbst zum Hörer greifen, um die neueste Luftlage zu erfahren. Um elf Uhr machte ich einen Rundgang. Das ganze Kasernengelände lag wie tot da. Die für die Kasernenwache eingeteilten Männer hatten sich, natürlich in Uniform, ein bißchen aufs Ohr gelegt. Nur aus einer Stube erscholl leiser Gesang. Dort feierte man.

Ich blickte zum Himmel auf. Ob die amerikanischen oder englischen Bombengeschwader heute ein Einsehen hatten und die Heilige Nacht respektierten? Ich war mir nicht ganz sicher. Darum ging ich anschließend auch hinauf auf den Boden und kletterte an einer Stelle, die dafür ausgebaut worden war, aufs Dach hinaus.

Halle lag im Dunkeln. Die Verdunkelung war so gut wie lückenlos, bis auf einige wenige unvermeidliche Lichtpunkte, die eine Stadt solcher Größe nicht ahnen ließen.

In dem gleichen Augenblick, da ich aus der Ferne das erste Motorengeräusch wahrnahm, heulte auch schon die Alarmsirene los. Ich raste hinunter ans Telefon, erhielt die Nachricht über erhöhte Alarmbereitschaft, gab diese an die übrigen Kompanien weiter und ging nach draußen vor die Tür. Jetzt konnte man nur noch abwarten. Dieses Warten dauerte nicht allzulange. Ich sah bereits, zunächst als einen Schatten, dann aber klar erkennbar den Wachoffizier für die ganze Kaserne über den Innenhof kommen. Er rief mir schon von weitem zu, ich solle Kasernenalarm auslösen.

In wenigen Minuten standen die Männer, die als Wachkommando eingeteilt waren, angetreten auf dem Platz. Die Befehlsgewalt war nun ganz von den dafür eingeteilten Offizieren übernommen worden. Ich selbst stand auch bei meinen Männern.

Der Wachoffizier gab bekannt, daß es sich um einen schweren Luftangriff auf eine benachbarte kleinere Stadt mit wichtigen Industrieanlagen handeln würde. Wir wären zur sofortigen Hilfe dorthin beordert worden. Nur ein kleines Kommando bliebe zum Schutz der Kaserne zurück.

Bald rasten wir auf LKWs durch die Nacht, den Bombenexplosionen und dem Feuerschein der brennenden Stadt entgegen. Und noch etwas sahen wir: Die »Christbäume«, so nannten wir damals die Leuchtkörper, die von den Flugzeugen zur Orientierung abgeworfen wurden und die sich wie ein Weihnachtsbaum entfalteten.

»Christbäume!« Einer stieß den anderen an und machte ihn, mit Bitterkeit in der Stimme, darauf aufmerksam.

Als wir den Stadtrand des von vielen Bränden erleuchteten Ortes erreichten, kam noch einmal eine Welle von Bombern und lud ihre Tod und Verderben bringende Fracht ab. Unsere Kolonne mußte halten. Wir liefen wie Hasen über die Felder und suchten Schutz hinter lächerlichen Bodenerhebungen.

Es war die letzte Angriffswelle. Wir konnten weiterfahren – in das Inferno dieser Stadt hinein. Wir alle wa-

BÜCHERECKE A. Lake: Deine Gebete werden erhört. Konstanzer Taschenausgabe, 144 S., kart. DM 3,80 (Christliche Verlagsanstalt, 775 Konstanz). — Diese eindrücklichen Tatsachenberichte über Gebetserhörungen moderner Menschen in den verschiedensten Berufen und Lebenssituationen stammen aus dem Werk eines Amerikaners, der viele Jahre dazu verwandt hat, den Wirkungen des Gebetes in unserm Leben nachzugehen. Das Buch ist schlicht und nüchtern geschrieben.

---

7. 2. 73

Vom Beten

Jesus will haben, daß wir im Gebet mit ihm sprechen. Seit ich Kinder habe, lerne ich das ganz neu. Sie kommen mit allem zu mir, was ihnen entzweigegangen ist. Sie haben ein erstaunliches Vertrauen: Vater wird es wieder ganz machen! Und wenn sie bei ihren Spielgefährten irgend etwas sehen, was sie selbst nicht haben, kommen sie zu mir und bitten darum, damit sie es auch bekommen. Ich freue mich sehr darüber, selbst wenn ich ihnen die zerbrochenen Spielsachen nicht wieder ganz machen kann oder ihnen nicht geben mag, um was sie bitten. Aber noch froher macht es mich, wenn sie hereingestürmt kommen und mir alles erzählen, was sie erlebt haben. Sie sind davon so erfüllt, daß ihnen das Erzählen nicht schnell genug über die Lippen kommt. — Ob Gott sich nicht ebenso freut, wenn wir mit allem zu ihm kommen, was wir täglich erleben? Rechtes Vertrauen sagt ihm auch die kleinen Dinge des Lebens; genauso wie zwei Menschen, die sich liebhaben, alles Große und Kleine miteinander teilen, ihre Freuden und ihre Sorgen. Das ist es ja, was die Liebe so reich und schön macht.

O. Hallesby

Lied: Lob Gott getrost mit Singen ... GL 186 EKG 205

D. Hermann Menge, Bibelübersetzer * 1841.
Adolf Stoecker, Leiter der Berliner Stadtmission und christlich-sozialer Politiker † 1909.

SA 7.50 SU 17.23 MA 8.53 MU 22.50

Mittwoch/Februar 7

Die Apostel kamen wieder und erzählten Jesus, wie große Dinge sie getan hatten. Luk. 9, 10

Die Missionsreise ist zu Ende. Der Predigt- und Heilungsauftrag ist ausgeführt. Jetzt stehen die Apostel wieder vor ihrem Herrn. Gewiß nicht wie Wettkämpfer, die zur Siegerehrung angetreten sind. Im Reich Gottes zählen keine selbsterrungenen Siege. Die „großen Dinge", die sie getan hatten, waren nicht ihre eigenen Erfolge, sondern die mächtigen Wirkungen des Evangeliums. Was sie selber betraf, so hatte ihnen ja der Herr vorausgesagt, was sie erwarten würde: „Sie werden euch nicht aufnehmen!" Denn Jesu Weg ist immer ein Kreuzesweg. Aber nun sind sie wieder zurückgekehrt, nun sind sie wieder bei ihm und erzählen ihm „alles, was sie getan hatten". – Wohin gehen wir mit unsern Freuden und Enttäuschungen, die wir auf dem Weg des Glaubens erleben? Es ist nicht gut, alles an die große Glocke zu hängen. Es ist auch nicht gut, alles in sich zu verschließen. Aber es ist gut, das Gespräch des Herzens mit unserm Herrn nicht abbrechen zu lassen – im Gebet und im Hören auf sein Wort. E-H

Lukas 9, 10 – 17 Matthäus 13, 31 – 35

ren Soldaten von der Front und an schwerstes Artilleriefeuer gewöhnt. Aber vor einem solchen verheerenden Bombenangriff fühlten wir uns macht- und hilflos. Trozdem mußten wir helfen, wo immer es nur ging.

Wir bekamen einen begrenzten Bezirk zugeteilt. Dort waren die rauchenden oder auch noch brennenden Trümmer durchzukämmen nach Überlebenden, Eingeschlossenen und vor allem Verwundeten. Bis zum Morgengrauen arbeiteten wir ohne aufzuschauen. Jeder dachte dabei wohl an eigene Angehörige und hoffte, daß auch ihnen, wenn nötig, solche Hilfe zuteil würde.

Endlich kam der Befehl zum Sammeln. Wir waren alle total erschöpft und am Rande unserer Kräfte. Viele Männer, die noch zu den Genesenden gehörten, mußten sich irgendwo hinhocken, um wieder Kräfte zu sammeln. Unser Hauptmann aber, der diesen Einsatz mitmachte, drängte auf Abfahrt.

Ich war noch einmal ein Stück zurückgegangen, um etwas zu holen, das mir bei dem letzten Trümmerhaufen entfallen war. In diesem Augenblick hörte ich es. Zunächst klang es nur wie ein ganz schwacher, kläglicher Ton, wie das leise Jammern eines Kätzchens. Aber von einer Unruhe getrieben, ging ich dem Ton nach und hörte bald deutlicher, daß da ein Mensch weinte, laut und hoffnungslos.

Ich schrie, es sollten noch einige zu Hilfe kommen, unter diesem Trümmerhaufen müßten noch Menschen sein.

Zunächst wollte man mir nicht glauben, denn gerade diese Ecke war gründlich durchsucht worden. Aber ich ließ nicht locker und nahm auch einen heftigen Anpfiff meines Hauptmanns in Kauf, bis ich mit meiner Bitte durchdrang. Dann gingen wir das Trümmerfeld noch einmal systematisch durch. Nun hörten auch die anderen Männer das Weinen. Zuletzt waren wir den Tönen so nahe, um feststellen zu können, daß es sich um ein Kind handeln mußte.

Wir haben sie dann gefunden – die bewußtlose Mutter und ihr weinendes, etwa fünfjähriges Töchterchen. Ich konnte als erster durch das Loch kriechen, das wir in dem Trümmerhaufen freigelegt hatten, und fand die beiden in einem bis zur Hälfte eingedrückten Kellerraum, in dem allerdings das Wasser bis zu einer lebensbedrohenden Höhe angestiegen war. Wir konnten die Mutter und das Kind befreien. So manchem hartgesottenen Landser liefen dabei die Tränen über die Wangen.

»Stille Nacht, heilige Nacht«, flüsterte einer von ihnen, und die anderen nickten dazu.

Ende Januar 1945 wurde ich in das Lazarett in Wittenberg verlegt. Dort traf ich auch meinen Schwager, den Mann meiner Schwester, der eine schwere Schulterverwundung ausheilte. Da seine Frau und sein Sohn bei uns in Wittenberg untergekommen waren, nachdem der Feuersturm über Hamburg hinweggebraust war, hatte auch er sich nach dorthin verlegen lassen. Es gab einige verhältnismäßig friedliche Wochen, bis es eines Tages hieß, die Russen stehen schon in der Nähe von Torgau, auch Wittenberg sei bedroht. Das Lazarett mit allen Insassen würde evakuiert. Wohin das geschehen sollte, war uns Soldaten schleierhaft, denn vom Westen her rückten die Amerikaner vor und trafen kaum noch auf nennenswerten Widerstand. Dieser Evakuierungsbefehl für das Lazarett brachte auch die Bevölkerung der Stadt in Bewegung. Täglich sah man Menschen mit Leiterwägelchen und anderen Gefährten einen kleinen Teil ihrer Habe und sich selbst in Sicherheit bringen. Davon ließen sie sich auch von noch so vielen Befehlen und Kontrollen nicht abhalten.

Mein Schwager und ich hatten uns auch einen Wagen besorgt. Da wir vom Lazarett aus viel Freiheit genossen und mit dem Hauptfeldwebel auf gutem Fuß standen, durften wir uns selbständig machen und unsere Familien mitnehmen. Wir hatten uns nur zu einem bestimmten Zeitpunkt in der Nähe von Wolfen an der Mulde einzufinden, wo wir die Lazaretteinheit wieder treffen würden.

Dieser Marsch mit Sack und Pack, dem Wagen und drei kleinen Kindern war ein Drama für sich. Ich zog, und mein Schwager, der wegen seiner schweren Schulterverletzung nicht ziehen konnte, schob den Wagen, wobei ihm die Frauen halfen. Mitten in der Nacht, auf der vom Mondlicht beschienenen Straße, schob sich plötzlich eine kleine Hand in die meine. Meine älteste Tochter, damals gerade sieben Jahre alt, flüsterte mir zu: »Vati, wenn du nicht mehr kannst, ich bin doch bei dir, ich helfe dir!« O ja, das war wirklich eine Hilfe! Mehr Kraft als viele gute Worte kann eine kleine Kinderhand vermitteln.

Und an der Mulde wurde dann das ganze Lazarett, d.h. seine Insassen, den Amerikanern übergeben. Im stillen lobten und dankten wir Gott in der Meinung, nun sei für uns alles Furchtbare vorbei und wir in Sicherheit. Irrtum!

Ich muß nun etwas berichten, was zu den furchtbarsten Erlebnissen in meinem Leben gehört: das Lager »Bad Kreuznach«, das schrecklichste aller Vergeltungslager, das jene Großmacht damals errichtete, nachdem sie zum »Kreuzzug« gegen das unchristliche Dritte Reich aufgerufen hatte. Hier wurde wirklich Böses mit Bösem vergolten, und nur die unendliche Gnade Gottes hat auch dort Menschen das Überleben geschenkt, die zum größten Teil nichts anderes getan hatten, als ihrer Pflicht als Soldaten nachzukommen.

Warum wir von der Mulde aus, dem kleinen Flüßchen bei Bitterfeld, mit einem Zwischenaufenthalt bei

Eisleben bis nach Bad Kreuznach transportiert wurden, wird wohl immer rätselhaft bleiben. Als wir dort im Morgengrauen eines Apriltages auf dem Bahnhof ausgeladen wurden – wir hatten zwei Tage auf Kohlenloren zugebracht –, sahen wir nicht mehr wie Menschen aus. Abgesehen davon hatten wir auf dem ganzen Transport nichts zu essen und zu trinken bekommen, bis auf die Liebesgaben, die uns mitleidige Menschen in die offenen Waggons warfen und bis auf die schnell mit Wasser gefüllten Feldflaschen bei irgendeinem Halt. Die meisten von uns taumelten mehr, als daß sie gingen. Mein Schwager hatte heftige Schmerzen in seiner Schulter, und bei mir fing sich wieder der Bauch an zu rühren. Zum Glück waren meine Schmerzen zunächst noch erträglich.

Die uns begleitenden amerikanischen Soldaten hatten wohl die Weisung, uns wie Vieh zu behandeln, denn anders waren die Schläge in die dahintrabende Kolonne hinein nicht zu verstehen.

In den Weinbergen, oberhalb des Nahetales, war das Lager errichtet worden. Ich weiß nicht, wie viele Menschen dort zusammengetrieben wurden – natürlich unter freiem Himmel. Mir ist nur in Erinnerung, daß schon bei unserer Ankunft Tausende dort waren. Von den Weinbergen war nur noch der Boden übrig, alles andere war zertreten.

Vierzehn Tage unter freiem Himmel, bei Tag und Nacht. Vierzehn Tage bei Regen, Hagelschlag und Schneefall – es war noch einmal unangenehm kalt geworden –, vierzehn Tage ohne warme Mahlzeit oder Getränk und in den letzten acht Tagen ganz ohne Verpflegung. Regen- und Schneewasser stillten den ärgsten Durst. Die Rinden einiger noch stehengebliebener Bäume und die in das Erdreich getrampelten Wurzeln der Weinstöcke waren die einzige Nahrung.

Das riesige Lager war in Camps unterteilt, in denen je

einige Tausend Mann lagen. Alles war mit Stacheldraht umzäunt, der an den Außenseiten elektrisch geladen und zusätzlich mit Wachtürmen gesichert wurde. Der Erdboden war bald ein grundloser Morast. Wohl dem, der noch ein paar Schuhe an den Füßen hatte oder gar einen Mantel besaß. Vielen waren diese Kleidungsstücke auf dem Transport abgenommen worden. Es waren ja Deutsche, an denen Vergeltung geübt werden sollte.

Solange es irgendwie ging, haben wir gestanden. Wer einen Mantel hatte, gab ihn als Regendach her, damit darunter drei oder vier Mann notdürftig geschützt waren. Löcher durften wir nicht graben, um uns hineinzuhocken – auch mit den Händen nicht. Zeltplanen, die hier und da einer einschmuggeln konnte, wurden sofort weggenommen. Sogenannte Uhrenappelle ließen die meisten Kameraden die letzten Wertsachen einbüßen.

Leider ist nichts so schlimm, daß es der Mensch selbst nicht noch schlimmer machen würde. Eines Nachts hörten mein Schwager und ich unterdrückte Hilferufe. Wir hockten auf der Erde, eng aneinandergelehnt, um uns gegenseitig ein wenig zu wärmen. Wir rappelten uns hoch und gingen dem Rufen nach. Leider kamen wir zu spät. Der Mann, der um Hilfe gerufen hatte, war bereits tot.

Dieser nun tote Mensch hatte unvorsichtigerweise am Vorabend, ehe es noch richtig dunkel war, einen Kanten hartes Brot aus der Hosentasche gezogen und daran ein bißchen gekaut, um seinen ärgsten Hunger zu stillen. Sicher hatte er das Stück Brot bisher ängstlich verborgen, dann aber alle Vorsicht außer acht gelassen.

In der Nacht fielen sie über ihn her. Das Brot bekam wohl keiner. Bei dem Handgemenge wurde es bestimmt zertreten und in den Morast gestampft. Der

Mensch aber büßte dabei sein Leben ein, als er um Hilfe rief.

Ich muß sagen, mir hat das innerlich den Rest gegeben. Hunger und Durst taten ein übriges, außerdem mein Darm, der trotz Mangels an Masse in einer vierten Ruhr revoltierte. Ich konnte einfach nicht mehr. Immer wieder riß mich mein Schwager hoch. Nur nicht der Länge nach in diesem Dreck versinken! Wer sich soweit gehenließ, der stand nie mehr auf, sondern wurde am nächsten Morgen tot fortgetragen, mit vielen anderen in eine Grube geworfen, mit Chlorkalk bestreut und zugebuddelt.

Die Hilfe meines Schwagers hatte aber Grenzen. Auch er war zu Tode erschöpft und hielt sich nur noch mit Mühe aufrecht.

Alle Qual konnte sehr schnell ein Ende haben. Es gehörte nur ein bißchen Mut und vor allem letzte Verzweiflung dazu. Seit einigen Tagen hatte man vor dem Außenzaun Schilder aufgestellt, auf denen zu lesen war, daß derjenige, der näher als drei Meter an den Zaun herantrat, erschossen würde. Wir haben zur Genüge erlebt, daß ein Schuß aufpeitschte, und vor dem Zaun der »Selbstmörder« zusammenbrach, zumeist tot.

Ich hatte immer wieder in meinem kleinen Neuen Testament gelesen, ein braunes Büchlein, das auch heute noch existiert. Es steckte in meiner oberen äußeren Uniformtasche. Bald aber war mein Bewußtsein so getrübt, daß ich die Worte nicht mehr begriff. Hunger und Durst hatten mich mürbe gemacht.

Da entschloß ich mich zu dem Weg an den Außenzaun.

»Lieber Herr, vergib mir!« waren wohl meine letzten Gedanken, ehe ich loskroch; denn laufen konnte ich nicht mehr.

Die Gelegenheit war günstig. Mein Schwager war

auf die Suche nach etwas Eßbarem gegangen, einer Wurzel oder ähnlichem.

Ich kroch in Richtung Zaun. So schwer hatte ich mir diesen Weg nicht vorgestellt, weder körperlich noch seelisch. Immer wieder hielt ich an, immer wieder wanderten meine Gedanken nach Hause zu meinen Lieben. Ob sie noch lebten? Ob die Russen sie noch eingeholt hatten – dort in dem Dorf, in dem wir sie zurückließen?

Endlich trennten mich nur noch etwa zehn Meter von dem Ende. Noch einmal raffte ich mich auf. Auch diese letzten Meter würde ich schaffen. In diesem Augenblick fiel mir etwas auf die Hände. Beim Kriechen hatte sich mein Neues Testament in der Tasche hochgeschoben und war hinausgefallen. Nun lag es vor mir. Meine Augen sahen es ganz deutlich. Ich weiß nicht, ob ein Buch sprechen kann – ein Neues Testament gar. Aber dieses Büchlein sprach zu mir. Es redete eine sehr deutliche Sprache. Es hat mich in diesen Augenblicken vieles gefragt. Ich kann nicht mehr sagen, was das alles war. Diese Fragen waren aber so klar und so eindringlich, daß ich einfach nicht mehr weiterkriechen konnte, dort liegenblieb und bewußtlos wurde.

Fünf Tage später kam ich wieder zu mir. Durch mein eigenes Geschrei. An meiner Pritsche saß ein Mann, der in der ihm eigenen, mir von früher vertrauten Art sagte: »Brüderchen, warum schreist du denn so?« Es war ein alter Freund von mir, Mitarbeiter der Berliner Stadtmission, ein Pfarrer. Auch er erkannte mich im gleichen Augenblick. Er packte mich bei den Schultern und meinte entsetzt: »Um Gottes willen, willst du hier verrecken, Willi?«

Ich versuchte, mein Schreien zu unterdrücken, meine Schmerzensschreie, verursacht durch die Ruhr, die in meinen Eingeweiden tobte. Ich bemühte mich auch zu sprechen, aber es gelang nicht. Die Wellen der Schmerzen spülten alle Versuche hinweg. Ich mußte schreien, ob ich wollte oder nicht.

Mein Bruder Raeder, denn um ihn handelte es sich, sprang inzwischen auf und lief die Reihen der Pritschen entlang, die zu beiden Seiten des schmalen Ganges in dem langgestreckten, niedrigen Zelt standen. Bald darauf kam er mit einem Mann zurück, in dem ich einen Sanitäter der amerikanischen Armee erkannte. Ich bekam eine Spritze und versank gleich darauf in wohltuende Bewußtlosigkeit.

Ich lag in einem amerikanischen Feldlazarett für Gefangene, das unten im Nahetal in Richtung der Stadt Kreuznach aufgestellt worden war. Wie ich dort hingekommen war? Pfarrer Raeder brachte die Tatsachen zusammen:

Wie so viele andere Gefangenen, hatte man auch mich am anderen Morgen dort oben dicht vor dem Zaun aufgelesen und als vermeintlich tot hinaustransportiert. Mein Schwager hatte mich wohl vergeblich gesucht. Aus irgendeinem Grunde stand an jenem Tag und auch die Tage darauf kein Beerdigungskommando zur Verfügung. Der wieder einsetzende Frost hatte die Erde gefroren, so daß man die Toten einfach unten im Tal, nicht weit von diesem Feldlazarett, an einer Scheune stapelte. Vier Tage muß ich unter den Toten gelegen haben. Diese toten Kameraden schützten mich vor dem Erfrieren.

Am Vorabend jenes Tages, an dem ich wieder zur Besinnung kam und an meiner Pritsche Pfarrer Raeder entdeckte, ging ein amerikanischer Arzt auf der Talstraße spazieren, sah den Haufen Toter und entdeckte zu seinem Entsetzen, daß sich unter diesen jemand befand, der sich noch bewegte. Er hat mich hervorziehen lassen und veranlaßt, daß ich in das Lazarett transportiert wurde, das nur aus Zelten bestand. Auch das gab es also, dicht neben der Hölle der Kamps auf den Weinbergen.

Am nächsten Morgen saß Pfarrer Raeder, der erste deutsche Pfarrer (soweit mir bekannt), der von den Amerikanern die Erlaubnis erhalten hatte, sich um die kranken deutschen Gefangenen zu kümmern, wieder an meiner Pritsche. Die Morphiumspritze, die ich gerade erhalten hatte, ermöglichte es, daß wir uns kurz unterhielten.

»Mensch«, sagte Raeder in seiner mir bekannten, immer etwas humorvollen Art, »wenn du hier bleibst, dann wirst du hier verrecken. Du mußt 'raus!«

Ich blickte ihn fragend an. »Aber wie? Wie willst du das anstellen?«

»Auf völlig legale Art«, antwortete er. »Bitte, gib einmal genau acht.« Und dann setzte er mir seinen Plan auseinander. Er würde am Abend das Papier, das inzwischen durch seine Vermittlung über mich angelegt worden war, unter diejenigen schmuggeln, die denen gehörten, die am anderen Morgen in ein deutsches Reserve-Gefangenenlazarett verlegt wurden. Ich müßte nur alles tun, daß ich nach dem Aufruf meines Namens nicht zurückgewiesen wurde. Er meinte, das würde der Sanitäter sicher versuchen, wenn ich zum Zeltausgang gekrochen käme, denn gehen konnte ich nicht. Es gäbe nur ein einziges Mittel, die Zurückweisung zu verhindern: Ich sollte so laut wie nur irgend möglich nach dem Arzt schreien. Er würde diesen Arzt noch verständigen. Mit dem könnte man reden.

Noch eine andere Schwierigkeit mußte überwunden werden: Ich sollte die Spritze, die ich am Abend bekam, möglichst weit wieder hinausdrücken, damit ich morgens zwischen vier und fünf Uhr, wenn die Verlegungen vorgenommen wurden, meinen Namen auch hörte. Während er dies sagte, drückte er mir heimlich einen chemischen Wärmebeutel unter die Decke. Ich sollte versuchen, ihn in der Nacht gegen die größten Schmerzen zu verwenden.

Wir haben dann noch miteinander gebetet, Bruder Raeder und ich. Das konnte man in diesem Elendszelt, in dem jeder mit seinen Schmerzen zu tun hatte, ganz ungehindert tun. Ich war allerdings so furchtbar schwach, daß ich kaum ein paar Worte herausbrachte.

Am anderen Morgen geschah alles, wie es Raeder gesagt hatte. Nach einer entsetzlichen, schmerzerfüllten Nacht, versuchte ich nach Aufruf meines Namens zum Zeltausgang zu kriechen. Als mich der Sanitäter mit einem Fluch zurückstieß, brüllte ich aus Leibeskräften den Namen des amerikanischen Arztes. Der kam dann zwar nicht, aber um unnötiges Aufsehen zu vermeiden, hoben mich die Sanitäter auf, legten mich auf eine Bahre und schoben mich in den Sanitätskraftwagen.

Alle, die wir zu diesem Transport gehörten, landeten in dem unter deutscher ärztlicher Leitung stehenden Gefangenenlazarett in Langen bei Frankfurt am Main.

Als wir dort ausgeladen und in das Haus getragen wurden, geschah etwas Entsetzliches. In der Tür, zu der als Lazarett umfunktionierten Schule, stand der leitende deutsche Arzt. Der amerikanische Sanitäter übergab ihm das Papier, das über mich angelegt worden war. In der Meinung, ich liege in tiefer Bewußtlosigkeit, wandte sich der Arzt an die neben ihm stehende Schwester und sagte, indem er auf meine Bahre deutete: »Na, vielleicht noch zwei Tage, wenn er es solange schafft.«

Das kam einem Todesurteil gleich, das ich, da ich nicht bewußtlos war, mit anhören mußte.

Später, als wir uns ein wenig angefreundet hatten und manchmal miteinander Skat spielten, habe ich es ihm gesagt. Er war sehr erschrocken und meinte, einen solchen Lapsus könnte er sich kaum verzeihen.

Die Zeit in Langen war schrecklich und schön zugleich. Inzwischen wußten wir, daß der Krieg offiziell beendet war. Wie dieser Kriegsschluß aussah, das ahnten wir noch nicht. Das Ende des Krieges änderte aber nichts an der Tatsache, daß dieses Lazarett nur mit dem Allernotwendigsten versorgt wurde. Im Blick auf seine Insassen wurde es offensichtlich mit der Vergeltungsaktion Bad Kreuznach in Verbindung gebracht. Was aber für viele, denen es besser ging, sehr schlecht war, wurde meine Rettung.

Der Bürgermeister des Ortes oder irgendeine von den Amerikanern beauftragte Stelle hatte angeordnet, daß die Bauern der Umgebung, die sehr viel Spargel anbauten, diesen im Lazarett abzuliefern hatten. Es war gerade die beginnende Spargelzeit. So bekam ich, weil für einen solchen Fall wie mich nichts anderes zur Verfügung stand, jeden Vormittag ein paar amerikanische Zwiebäcke und am Abend eines jeden Tages eine Schüssel Spargelsuppe mit vielen Spargelstücken. Diese Suppe konnte ich gut essen, und je länger desto besser nahm sie auch mein Körper an.

Immer wieder schüttelte der Arzt bei seiner Visite den Kopf, wenn er mich noch lebend vorfand und bald darauf von Tag zu Tag ein wenig gebessert. Es ging tatsächlich aufwärts mit mir, und zwar nicht, wie der Doktor gemeint hatte, in Richtung Himmel, sondern auf dem mühsamen Weg der Genesung. Dabei half noch etwas anderes.

Die Frauen des Ortes und seiner Umgebung brachten mit rührender Treue einmal in der Woche ein bißchen von dem in das Lazarett, was sie erübrigen konnten. Wohl alle hatten sie Männer oder Söhne, auf deren Heimkehr sie warteten. So ging eines Tages auch an unserem Zimmer die Tür auf, und eine Frau stand auf der Schwelle, die gleich darauf mit einem Aufschrei ins Zimmer stürzte und auf mein Bett zulief. Sie schrie dabei einen Namen und hielt damit erst unmittelbar vor meinem Bett ein, als sie wohl erkannte, daß ich nicht der Gesuchte war. Sie hatte geglaubt, in mir den Sohn zu sehen, von dem sie seit Monaten nichts wußte.

Später saß sie weinend an meinem Bett und erzählte mir, daß ihr Sohn bei der Waffen-SS gewesen sei und sie kaum noch Hoffnung auf die Heimkehr ihres Einzigen hatte. Von diesem Tage an brachte sie mir aber regelmäßig Milch, die ich ein wenig erwärmt trinken durfte. Ich habe die alte Dame – das war sie im besten Sinne des Wortes – nicht vergessen und später auch einmal besucht.

Die Zeit im Lazarett in Langen hatte für mich noch etwas sehr Gutes. Als die Schmerzen endlich nachließen und ich wieder klarer denken konnte, griff ich nach meinem kleinen, braunen Neuen Testament, das man in meinen verkrampften Händen gefunden und in meine Tasche gesteckt hatte. Das erste, was ich aufschlug, ohne danach gesucht zu haben, war das Johannesevangelium. Ich habe es dort auf meinem Krankenlager Wort für Wort gelesen. Jeden Tag kam ein kleiner Abschnitt dran. Das wurden für mich segensreiche Stunden, die ich keineswegs missen möchte. In dieser Zeit wurde mir beim Lesen des Johannesevangeliums noch einmal ganz besonders deutlich, wie wichtig für den Glauben das unmittelbare Verhältnis zu Jesus ist. Er hat in diesen Stunden zu mir sehr deutlich und eindringlich gesprochen, und ich habe mit ihm im Gebet geredet.

Das waren unendlich tröstliche Stunden, in denen ich auch die in mir nagende Sorge um meine Familie immer wieder vor Gott brachte. Ich konnte natürlich nicht wissen, wie es den Meinen ging, ob sie noch lebten. Aber ich wurde ruhig über dem Gedanken, daß alles in des großen Vaters Hand liegt, Freud und Leid. Alles schwere Erleben, auch das, was mir vielleicht noch bevorstand, nahm ich letztlich aus seiner Hand. Er allein konnte es zum Segen wenden.

Damals habe ich etwas Entscheidendes gelernt: Wir Menschen sollten uns, wenn wir in Nöten sind, nicht zuerst an unsere Mitmenschen wenden, wie wir es meistens tun. Der Weg zum Vater im Himmel durch das Gebet ist nicht nur viel wichtiger, sondern der einzig erfolgreiche. Menschen stehen wie wir selbst in gleichen Nöten und sind mit gleichen Fehlern und Schwächen behaftet. Gott aber kann alles – die Dinge und die Menschenherzen wenden, allerdings nach seinem Willen; denn er blickt weiter, als unsere kurzsichtigen Menschenaugen es vermögen.

Der Weg nach Hause ließ sich nur über einen Umweg gehen, den ich nicht bestimmen konnte. Meine Entlassung aus dem Lazarett in Langen bedeutete noch nicht die Entlassung in die Heimat. So leicht ging das bei den Amerikanern nicht. Zunächst mußte ich zurück in ein Lager, und zwar in die Nähe von Bingen. Auch dort war es nicht schön, aber wir hatten nun meistens gutes Wetter und vor allem eine einigermaßen ausreichende Verpflegung. Zu dieser Versorgung, bei der es sich fast nur um sogenannte amerikanische »Marschverpflegung« handelte, gab es auch Zigaretten. Ich habe in jener Zeit auch geraucht, aber es wäre mir nie eingefallen, für eine Zigarette bis zu achtzig Mark zu bezahlen oder gar wertvolle Nahrungsmittel herzugeben. Für viele jedoch waren Rauchwaren wichtiger als das tägliche Brot.

In diesem Lager, aus dem wir dem Vernehmen nach entlassen werden sollten, war vieles schon »in alter Weise« organisiert. Darin sind wir Deutschen ja groß und wohl kaum zu übertreffen. Zwar fand auch hier alles im Freien statt, aber es gab nicht nur sportliche Veranstaltungen, Vorträge und Schulungen zur Weiterbildung in Sprachen und vielem anderen, sondern auch Gottesdienste.

Bei der Gruppe, die Gottesdienste organisierte, fand ich mich eines Tages ein und bot meinen Dienst an.

Fast in der Mitte des Lagers lag ein kleiner Hügel. Auf diesem Hügel standen einige Bäume. Nach der einen Seite hin stieg der Boden allmählich an, so daß die Fläche mit dem Hügel sich von selbst für gottesdienstliche Veranstaltungen anbot. An einem Sonntag sollte ich sprechen. Einige Kameraden gingen durch das Lager und luden ein. Ich war überrascht über die vielen, die kamen und sich am Hügel lagerten. Unter ihnen waren solche, die kaum laufen konnten, teils wegen ihrer Verwundungen, teils aus Schwäche, die auch die jetzt halbwegs gute Verpflegung noch nicht hatte beseitigen können. Es war ein buntes Bild, das sich da zu meinen Füßen darbot.

Ich sprach über jenes Psalmwort, das meinem Leben eine so ganz andere Richtung gegeben hatte: »Rufe mich an in der Not, so will ich dich erretten, und du sollst mich preisen!« Zum Schluß wagte ich es vorzuschlagen, das Lied »Lobe den Herren, den mächtigen König der Ehren« zu singen. Ich war mir darüber klar, daß dies in zweierlei Hinsicht ein Wagnis bedeutete: einmal im Blick auf den fehlenden Text, denn wir hatten ja weder Liederbücher noch Liederblätter zur Verfügung, vor allem aber in Hinsicht auf den Zustand, in dem wir zur Zeit leben mußten.

Ich war tief bewegt darüber, daß so viele aus voller Kehle mitsangen. Dieses Lied wurde wirklich zu einem Lob- und Dankchoral, wie man ihn sich bewegender nicht vorstellen kann. Ich habe viele Männergesichter gesehen, über die die Tränen liefen.

Nach diesem Gottesdienst kamen viele, die sich vor mir aussprechen wollten. Ich hatte damit den ganzen Tag zu tun. Was da alles an Not und Schuld zum Vorschein kam, kann und soll nicht berichtet werden. Eines aber ist mir unvergeßlich geblieben: Viele dieser Männer, die mit mir sprachen, schlossen die Aussprache mit den Worten: »Von jetzt an – wenn ich meine Lieben wiederfinden sollte – wird es bei mir ganz anders. Du kannst dich darauf verlassen!« Einige gaben mir ihre Heimatanschriften, so wie ich ihnen die meine gab. Sie versprachen es mir in die Hand, daß sie mir aus ihrem neu gestalteten Leben bestimmt schreiben würden. Ich habe keine einzige Nachricht erhalten. War alles wieder so schnell vergessen? Nahm ihnen der Wiederaufbau die Zeit? Ist das Danken für die Errettung aus der Not so schwer? Oder war es nur die Ergriffenheit einer Stunde, die schnell wieder verflog? Ich weiß es nicht. Wer will da urteilen? Ich bestimmt nicht, denn auch bei mir hat es lange gedauert, ehe ich die Güte Gottes in meinem Leben begriff.

Der Tag der Entlassung kam heran. Inzwischen wußten auch wir Gefangenen, daß Deutschland in Besatzungszonen aufgeteilt worden war. Wir konnten uns nur in die amerikanische Zone abmelden und wurden dadurch geradezu gezwungen, Deckadressen anzugeben, die oft genug nicht stimmten.

Ich aber wollte nach Hause, nach Wittenberg. Nach einem kurzen Besuch bei jener Frau, die mich im Lazarett in Langen zunächst für ihren Sohn gehalten hatte, nahm ich den Heimweg unter die Füße. Und das buchstäblich; denn einen normalen Betrieb der Verkehrsmittel jeglicher Art gab es noch nicht. Ich kam auf dieser langen Wanderung bis an die Mulde, hinter der die russische Besatzungszone begann.

Da stand ich nun, hinter einem Gebüsch versteckt, und starrte in den recht hochgehenden Fluß und hinüber zum anderen Ufer, um zu sehen, wo die russischen Posten standen.

Plötzlich tauchte ein kleiner Junge auf. Ich hatte ihn nicht kommen sehen und erschrak. Er aber griff ganz zutraulich meine Hand und sagte, indem er plötzlich zu weinen anfing: »Onkel, willst du auch hier sterben? Bleib doch hier! Die Russen erschießen alle.« Dabei zeigte er zum jenseitigen Ufer auf ein Gebüsch, unter dem tatsächlich im Wasser eine Leiche lag, die sich in den tiefhängenden Zweigen festgehakt hatte. Sie trug deutsche Uniform.

»Der ist erst heute morgen erschossen worden«, fuhr der Junge fort und hielt meine Hand noch fester.

Mir wackelten die Knie. Sollte ich soweit gelangt sein und nun hier auf diese Weise ums Leben kommen? Ich konnte mir nicht denken, daß das Gottes Weg mit mir war.

Ich setzte mich hinter das Gebüsch und zog das Kind zu mir herunter. Ich sagte dem Jungen, wie dankbar ich ihm sei, daß er mich gewarnt habe. Trotzdem müßte ich hinüberschwimmen, denn drüben ginge mein Weg weiter zu meinen beiden Kindern, die auch etwa so alt seien wie er, und zu meiner Frau. Eins aber könnte er doch tun: Er sollte an der Biegung des Flusses achtgeben, wo sich der russische Posten gerade befinde, und mir zuwinken, wenn es für mich günstig sei.

Der Kleine hat noch einmal gebettelt. Als er aber merkte, daß dies wohl keinen Erfolg habe, war er ebenso schnell zur Hilfe bereit.

So bin ich durch die Hilfe eines kleinen Jungen auf den Weg in die russische Besatzungszone und damit nach Hause gekommen. Einen Augenblick mußte ich noch befürchten, von dem reißenden Wasser fortgetrieben und heruntergedrückt zu werden. Aber dann ging doch alles gut. Als der Posten am jenseitigen Waldrand stand, von dem aus er mich nicht sehen konnte, jagte ich, nackt wie Gott mich geschaffen hat, über die Wiese an der Mulde in den Wald hinein und bis in das nächste Dorf. Dort haben mir gute Menschen etwas zum Anziehen gegeben, bis meine Kleider getrocknet waren. Ich konnte mich auch ein paar Stunden erholen, ehe ich meinen Marsch fortsetzte.

Der Weg wurde noch schwer genug. In Wittenberg fand ich das Haus, in dem wir gewohnt hatten, nicht mehr vor. Es war ein Trümmerhaufen, aus dem so gut wie nichts geborgen wurde. Nachbarn, die mich dort erschüttert stehen sahen, riefen mir zu, daß meine Familie am Leben sei. Sie konnten mir auch ihre Adresse geben.

So ging eine böse Zeit zu Ende. Die danach kam, war auch nicht gerade leicht, vor allem unter der Herrschaft der russischen Besatzung. Doch man konnte sich das Leben wieder neu einrichten, den Beruf aufnehmen und vor allem das Wort Gottes verkünden – denen, die Gott über manchem Erleben dafür das Herz aufgeschlossen hatte, aber auch denen, die ihm für so manche Bewahrung zu danken hatten.

7.

Der Wiederaufbau der evangelischen Jugendarbeit in der sowjetischen Besatzungszone war schwer. Zwar standen die Stellen der Besatzungsmacht in jener Zeit den Kirchen in einer wohlwollenden Neutralität gegenüber, doch viel Verständnis hatten sie nicht. Als ich mich bei meinem Superintendenten Professor Meichsner zurückmeldete, erfuhr ich erst einmal ausführlich, wie hart es seiner Familie im Zusammenhang mit dem 20. Juli 1944 ergangen war. Sein Sohn, ein Oberst, wurde in Berlin erhängt.

Der alte Herr schien trotzdem ungebrochen, nur je und dann sprach er auch einmal über dieses

Leid, das ihn getroffen und ihn vorzeitig hatte altern lassen.

Mich begrüßte er wie einen heimgekehrten Sohn. Schon nach wenigen Tagen der Ruhe bat er mich zu einem Gespräch, in dem er mir deutlich machte, daß ich wenigstens vorläufig neben der aufzubauenden Jugendarbeit ein Pfarramt im Kirchenkreis übernehmen müßte. Dabei gab es für ihn von vornherein keine Unklarheit darüber, daß ich dieses Amt mit allen Konsequenzen, also auch mit den damit verbundenen Amtshandlungen, auszuüben habe. Eine Predigt war für mich nichts Neues, aber Trauungen, Taufen, Beerdigungen und Abendmahlerteilung lagen mir bisher fern.

Zu dem Pfarramt gehörten zwei Orte, Dobien und Reinsdorf. Der eine war eine reine Bauerngemeinde, der andere Ort war durch das große Sprengstoffwerk bekannt. Hier lebte industrielle Arbeiterbevölkerung. Hier habe ich in den Gottesdiensten eine viel größere Besucherzahl gehabt. Trotzdem stammen die drei Erlebnisse, über die ich vor allem berichten möchte, aus dem Dorf Dobien.

Der Weg in diese Dörfer war recht beschwerlich. Ich besaß zwar ein altes Fahrrad, hatte aber keine Reifen. Nur mit großer Mühe gelang es mir, zwei Schläuche und zwei Mäntel aufzutreiben, die zwar vielfach geflickt, aber doch noch einigermaßen brauchbar waren. So habe ich dann die Wege meistens auf diesem Fahrrad zurückgelegt. Zehn bis fünfzehn Kilometer über sandige Wege zu fahren ist nicht gerade ein Vergnügen. Aber diese Wege wurden mir wie bisher noch nie in meinem Leben zu einer Möglichkeit, mit Gott zu reden. Alles, was mich in dieser schweren Zeit bewegte, der Hunger, der uns oft quälte, die Kinder, die manches Mal ins Bett gehen mußten, ohne satt geworden zu sein, meine alten Eltern, die wir bei uns hatten und die meiner Frau viele Sorgen bereiteten, die Arbeit selbst und alles, was mit dem Pfarramt zusammenhing, die Bedrängnis durch die Russen, die das Leben in der Stadt unsicher machten, und vieles andere mehr. Das alles konnte ich in diesen einsamen Stunden zwischen den Feldern und durch den Wald mit meinem Herrn bereden und mir bei ihm Kraft holen. Ja, diese Fahrten wurden wirklich zu einer Kraftquelle. Ich habe damals gelernt, daß solche Zeiten mechanischen Tuns von uns viel besser genützt werden können.

Wie schon gesagt, Dobien war ein Dorf, das im wesentlichen von der Landwirtschaft bestimmt wurde. Bald durfte ich das auch für meine Lieben merken, wenn ich hier mal ein paar Eier und dort ein wenig Mehl geschenkt bekam, das die schmale Kost daheim verbesserte. Ich habe mich in beiden Orten schnell eingelebt. Dabei halfen mir die vielen Besuche, die ich vom ersten Tage an in den Häusern machte.

Eines Tages kam ich wieder nach Dobien hinaus. Kaum saß ich im Pfarrhaus, im Amtszimmer des Pfarrers, der sich noch in Gefangenschaft befand, da wurde ich durch eine Frau dringend gebeten, in ein Haus der Dorfstraße zu kommen. Dort läge ein Mädchen, das einzige Kind seiner Eltern, im Sterben. Ich ging sofort hin und traf den Vater und die Mutter in der Wohnstube weinend an. Ihr Kind, ein Mädchen von dreizehn Jahren, hatte Tbc im letzten Stadium. Der Arzt hatte ihnen gesagt, es würde wohl noch an diesem Tag zu Ende gehen. Ich selbst kannte das Mädchen nicht, wahrscheinlich infolge seiner Krankheit. Nun mußte ich in das Sterbezimmer hineingehen. Ich hatte diesem Menschenkind, das noch am Anfang seines Lebens stand, den letzten Weg so leicht wie nur möglich zu machen. Sicher würde ich es in entsetzlicher Not vorfinden. Die wenigen Schritte bis zur Tür des Schlafzimmers, in dem Ursula lag, wurden mir sehr schwer.

Es kam so ganz anders. Aus dem Bett, in dem das Mädchen mehr saß als lag, blickte mir ein fröhlicher junger Mensch entgegen, der allerdings vom Tod gezeichnet war. Noch ehe ich etwas sagen konnte, sprach mich Ursula an. Ihre Worte kamen stockend aus ihrem Mund. Die immer wieder einsetzende Atemnot machte ihr schwer zu schaffen, aber ich konnte doch deutlich jedes Wort verstehen.

Sie sagte: »Das ist schön, Herr Pfarrer, daß Sie zu mir kommen. Meine Eltern sagten, es hätte keinen Zweck mehr, ich muß ja doch sterben. Ich weiß das, Herr Pfarrer, und ich habe davor auch gar keine Angst. Ich habe in meiner Bibel gelesen, daß Jesus uns zu sich ruft. Das stimmt doch, Herr Pfarrer?«

Ich konnte nur mit dem Kopf nicken und sagte dann, während das Kind wieder mit einem schweren Anfall von Atemnot kämpfte: »Ja, das stimmt. Wenn wir Menschen sterben müssen, dann ist das nicht das Letzte. Gott nimmt uns auf in sein Reich. Jesus hat es selbst gesagt, daß er zum Vater im Himmel vorausgeht, um für uns, die wir an ihn glauben, alles vorzubereiten. Das hat er auch für dich getan.«

»Sehen Sie, Herr Pfarrer«, antwortete Ursula, »darum kann ich auch gar nicht traurig sein. Wenn Gott uns ruft, dann müssen wir uns doch nicht fürchten.« Ihre Augen glänzten bei diesen Worten in einer Freude, die schon aus einer anderen Welt kam. Sie mußte nach Luft ringen und hielt dabei meine Hände ganz fest umschlossen. Aber dann wollte sie unbedingt noch etwas sagen, obgleich ich sie bat, lieber zu schweigen, denn sie mußte sich unendlich quälen. Aber sie schüttelte den Kopf, winkte mir, daß ich ganz nahe zu ihr herankommen sollte, und sprach dann leise: »Nicht wahr, Herr Pfarrer, Sie sagen meinen Eltern, daß sie nicht weinen müssen. Und wenn ich gestorben bin, soll man an meinem Grab nur fröhliche Lieder singen.«

Bei solch einem starken Glauben konnte ich nur noch eines tun: Ich habe mit der sterbenden Ursula die Hände gefaltet und das schlichte Kindergebet mit ihr gesprochen, das ich selbst so gern habe, und das auch diesem Kind wohlbekannt war: »Müde bin ich, geh zur Ruh, schließe meine Augen zu...«

Nur wenige Augenblicke später durfte Ursula ganz friedlich einschlafen. Sie hat nicht mehr kämpfen müssen. Auf dem Kindergesicht, das die böse Krankheit noch kleiner werden ließ, lag tiefer Friede. Auch die erschütterten Eltern, die ich hereinrief, sahen dies und konnten darüber ihre Tränen trocknen.

Als ich gegen Abend heimfuhr, leuchtete mir die untergehende Sonne in besonderer Schönheit. Das Land lag wie vergoldet da. Die Wipfel des Waldes wiegten sich im Abendwind und bekamen von dem späten Sonnenlicht einen rotgoldenen Schimmer. In mir selbst aber war ein tiefer Friede eingezogen. Ich hatte etwas erlebt, was sonst uns Menschen großen Kummer bereitet, was in jenem Hause aber zu einem Lobpreis Gottes wurde. Das schwere Sterben eines so jungen Menschen war zum fröhlichen Heimweg in eine andere Heimat geworden. Ich nahm mir vor, dies bei der Beerdigung allen deutlich zu machen, besonders denen, die so oft in lautes Klagen und Weinen ausbrechen.

Ganz anders gestaltete sich eine Beerdigung, die einige Zeit später, auch in Dobien, auf mich zukam.

Ich hatte im Pfarrhaus gesessen und mich auf die Sonntagspredigt vorbereitet. Nun wollte ich nach Wittenberg zurückfahren, denn ich hatte am Abend noch eine Stunde in einem Jungmännerkreis zu halten. Als ich aus dem Haus trat, kam eine Frau auf mich zu, die ganz in Schwarz gekleidet und tief verschleiert war. Ich kannte sie nicht. Erst als sie mich ansprach und um eine Unterredung bat, erkannte ich sie an ihrer Stimme. Es war die Frau des am Vortage verstorbenen Ortsgruppenleiters der KPD.

Meine Verwunderung über ihren Wunsch, mit mir zu sprechen, war groß; denn ich wußte ja, daß nicht nur der Verstorbene, sondern auch seine Frau aus der Kirche ausgetreten waren. Darüber hinaus hatte der ehemalige Leiter der Dobiener KPD keine Gelegenheit außer acht gelassen, seine Gegnerschaft zur Kirche zu betonen. Oft genug war das in übler Hetzrede und Verleumdung, auch meiner Person gegenüber, geschehen. Trotzdem bat ich die Frau, mit mir in das Amtszimmer zu kommen und fragte sie dort nach dem Grund ihres Besuches.

Sie sagte es frei heraus: »Bitte, Herr Pfarrer, beerdigen Sie meinen Mann. Ich möchte nicht, daß er wie ein Hund verscharrt wird.«

Ich erschrak über solches Ansinnen; denn ich wußte, daß dies nach der kirchlichen Ordnung nicht möglich war. Zunächst aber sagte ich: »Liebe Frau, das kann ich doch gar nicht. Es wäre ganz gegen den Willen Ihres verstorbenen Mannes. Bedenken Sie doch, wenn er Ihren Wunsch hören könnte, wie heftig er dagegen protestieren würde.«

Sie schüttelte den Kopf und sagte dann: »Ach, Herr Pfarrer, es geht doch gar nicht um meinen Mann. Ich selbst möchte es!«

Meine Verwunderung wurde noch größer, und meine Antwort war: »Aber Sie sind doch auch aus der Kirche ausgetreten, und ich weiß, daß Sie das in Ihren Frauenversammlungen immer betont haben.«

Die Frau hatte unterdessen den Schleier zurückgeschlagen, blickte mich aus verweinten Augen hilflos an und verlegte sich aufs Betteln.

«Ach, lieber Herr Pfarrer, das alles habe ich doch nur für meinen Mann getan. Allein hätte ich die Kirche niemals verlassen. Ich bin auch bereit, sofort wieder einzutreten. Bitte, beerdigen Sie ihn doch! Was sollen denn meine Angehörigen denken!«

Da war es wieder, was ich so oft hören mußte: Was werden die Leute sagen? Ich wurde zornig.

»Wenn das alles ist, was Sie mir dazu zu sagen haben, dann hätten Sie sich den Weg ins Pfarrhaus ersparen können.«

Ich stand auf und ging zur Tür. Die Frau aber fing nun an laut zu weinen. Sie bat mit bewegten Worten, einmal eine Ausnahme zu machen.

Plötzlich sagte sie: »Wir haben es doch für die Partei getan. Mein Mann war hier der Leiter der Ortsgruppe. Wie konnte er da in der Kirche sein? Aber ich habe immer gedacht, es ist das gute Recht der Kirche, den Menschen ihre Fehler zu vergeben.«

Ich setzte mich wieder auf meinen Platz und versuchte, der Frau die Lage klarzumachen, in der sie und ich mich befanden.

»Glauben Sie wirklich«, fragte ich sie, »daß Ihr Mann damit einverstanden wäre, wenn ich an seinem Grabe spreche und ihn gar einsegne? Was werden seine Parteifreunde dazu sagen? Machen Sie ihn nicht nachträglich lächerlich? Ihr Mann hat sich so oft gegen die Kirche gestellt, sie hart angegriffen und mir und den Gemeindeältesten das Leben schwer gemacht. Wie kann ich da jetzt etwas tun, das er beinahe tagtäglich verdammt hat?«

Die vor mir Sitzende fing immer stärker an zu weinen. Ich hatte den Eindruck, daß dieses Weinen nicht nur Selbstmitleid war oder mich beeindrucken sollte, sondern daß es je länger desto mehr aus dem Herzen kam. Sie tat mir leid.

Weil ich diesem Gespräch ein Ende machen wollte, sagte ich: »Gut, ich werde mit dem Herrn Superintendenten sprechen. Letztlich hat er allein die Möglichkeit, in diesem Fall eine Entscheidung zu treffen.«

Am nächsten Tage saß ich mit einigem Herzklopfen vor Professor Meichsner und trug ihm das Anliegen der Frau aus Dobien vor. Der alte weißhaarige Herr, der die Güte in Person sein konnte, schüttelte den Kopf.

»Nein«, sagte er, »lieber Bruder Reschke, auch in der Kirche muß es eine Ordnung geben. Die kann nicht einfach von und für jeden umgestoßen werden, wenn danach einmal der Wunsch besteht.«

Als ich mich für die Frau und ihr Anliegen einsetzte und betonte, daß sie mir leid täte und daß man durch Nachgiebigkeit in diesem Fall vielleicht andere Menschen gewinnen könnte, machte mir mein Vorgesetzter einen Vorschlag, den wir ausführlich durchsprachen und den ich dann auch ausgeführt habe.

Die Beerdigung sollte drei Tage später sein, also an einem Montag. Am Sonntag nach dem Gottesdienst, den sie besuchte, sprach ich noch einmal mit der Frau. Ich war sehr froh, daß sie mit der Entscheidung des Superintendenten einverstanden war, und so konnte ich dem Beerdigungstag etwas ruhiger, wenn auch sehr gespannt, entgegensehen.

Am Montag nachmittag war ich pünktlich im Pfarrhaus und erwartete die Frau. Inzwischen wußte ich, was alles geschehen sollte: Ein Redner einer Freidenkervereinigung würde da sein, außerdem sollte der bisherige stellvertretende KPD-Leiter sprechen, und die Kapelle der Kommunisten würde spielen.

Die Frau kam ins Pfarrhaus. Wir gingen dann zusammen zum Friedhof. Auf Anweisung des Superintendenten hatte ich nicht den Talar an, sondern meinen schwarzen Anzug.

Der Friedhof war überfüllt. Zum Glück lag das Grab an einer freien Stelle, so daß die vielen Menschen Platz fanden. Ich hatte den Eindruck, viele waren aus reiner Neugier gekommen. Sie wollten sehen, was sich abspielte.

Die Angehörigen des Toten und auch die Verwandtschaft von Seiten der Frau rückte zu der Stelle herüber, wo ich – ein wenig im Hintergrund – stand. Die Kapelle spielte ein Lied. Ich weiß nicht mehr, was sie spielte, gesungen wurde jedenfalls nicht. Dann sprach der Redner der Freidenker. Es war die übliche Einheitsansprache, die ich schon von anderen Gelegenheiten her kannte. Danach trat der stellvertretende Leiter der örtlichen KPD-Gruppe an die Gruft. Er wirkte sehr verlegen, denn er merkte, was auch mir schon aufgefallen war, daß die Menschen weder auf die Worte seines Vorredners noch auf seine eigenen hörten, sondern unentwegt zu mir herübersahen. Darum machte er es sehr kurz, und dann trat Stille ein. Die Sargträger standen da und rührten sich nicht. Sie machten keine Miene, den Sarg in die Gruft hinabzulassen. Die Fahnenträger mit den vielen blutroten Fahnen hielten diese gerade in die Höhe, und die vielen Menschen in dem weiten Rund schwiegen.

Ich trat auf den Hügel hinauf. Mein Herz klopfte mir bis zum Halse, und ich mußte erst einmal tief Luft holen, ehe ich die Worte fand. Dann sagte ich: »Ihr wißt, daß ich hier eigentlich zu Unrecht stehe. Unser Verstorbener wäre damit möglicherweise nicht einverstanden. Ich weiß aber, wie viele von euch das auch wissen, daß der Tod manches verändert und der Verstorbene, der auf dem Weg zum Richterstuhl Gottes ist, vielleicht jetzt schon eine andere Entscheidung treffen würde, als er es einst tat. Wir aber, die wir noch leben, wollen an einem Grab nicht richten, sondern um Gottes Vergebung bitten. Das tun wir nun alle miteinander, indem wir laut das Vaterunser beten.«

Ich begann, und wohl alle, die da standen, haben mitgebetet, Gläubige wie Ungläubige. Als das Gebet vorbei war, sagte ich zu den Fahnenträgern: »Nun könnt ihr dem Toten die letzte Ehre erweisen, zuvor aber will ich Gott um seinen Segen bitten. Bitte, nehmt dazu alle die Hüte ab!«

Sie haben es alle getan und Gott die Ehre gegeben.

Danach spielte die Kapelle das Lied vom guten Kameraden.

Keiner von den Anwesenden verließ das Grab, ehe ich den Hügel hinabgegangen war. Dann aber kamen viele, die mich zu einer Nachfeier im Gasthof einluden. Sie haben es wohl verstanden, warum ich ihnen diese Bitten abschlug. Am nächsten Sonntag aber waren sehr viele von denen im Gotteshaus, die ich bisher noch nicht gesehen hatte. Entscheidend war für mich, daß sich Hunderte von Köpfen vor Gott neigten, die sonst in Glaubensdingen eine andere Auffassung vertraten.

Wie seltsam sind oft Gottes Wege. Er schafft auch dort noch Gelegenheit zur Verkündigung seines Wortes, wo wir Menschen sie nicht mehr für möglich halten. Seine Gnade möchte sie alle einschließen, nicht nur die Glaubenden, sondern auch die, die ihm fern stehen.

Dieses Ereignis verbesserte die ganze Atmosphäre in der Gemeinde Dobien. Wenn sich der Kirchenbesuch auch nicht allzusehr erhöhte, so gab es seitdem doch so manche Möglichkeit zum Gespräch, die vorher nicht da war. Oft geschah es heimlich. Die Furcht vor der Partei war nicht gering. Ich wußte nur eins: Die Leitung der KPD in diesem Ort war mir nicht gerade freundlich gesinnt und suchte immer wieder nach einer Möglichkeit, mir die Ausübung meines Amtes zu erschweren. Gott aber tat oftmals gerade da eine Tür auf, wo durch Menschen, die ihm feindlich gegenüberstanden, eine andere zugeschlagen wurde.

Der Winter von 1945 zu 1946 war sehr hart. Er holte sich viele Opfer: Menschen, die durch Unterernährung bereits am Rande ihrer Kräfte waren, hielten der Kälte nicht stand. War in der sowjetischen Besatzungszone die Versorgung mit Lebensmitteln schon miserabel, besser gesagt: völlig ungenügend, so war sie mit Heizmaterial noch schlechter. Das bißchen Rohbraunkohle, das zugeteilt wurde, reichte kaum dazu, ein warmes Mittagessen zu bereiten. Seine Wohnung konnte man damit nicht warm bekommen. Viele Familien lebten in einem einzigen Raum und zogen sich vor dem Zubettgehen ihre Mäntel an und setzten eine warme Kopfbedeckung auf.

Dieser Zustand bildete auch den Hintergrund zu dem dritten Erlebnis in Dobien, das ich berichten möchte.

Ich hatte vierzig Konfirmanden zu betreuen. Der Unterricht fand zweimal in der Woche statt. Dafür stand uns ein kleiner Raum in der Schule am Nachmittag zur Verfügung. Die Konfirmanden selbst waren gutwillige Jungen und Mädchen, die gerne zum Unterricht kamen und sich darüber hinaus mit mir so manche Stunde unterhalten haben. Unter ihnen befand sich auch mein besonderer Freund Martin, ein sehr aufgeweckter Junge, der sich nicht so leicht mit einer Antwort zufriedengab, wenn er eine Frage gestellt hatte, die ihn bewegte. Immer wieder bohrte er, besonders wenn es sich um ein Problem handelte, das mit seiner Erwartung von der Zukunft zusammenhing. Ich sagte den Kindern, daß wir natürlich alles tun müßten, um unser Leben zu gestalten und voranzukommen. Dazu sei alle Mühe einzusetzen, auch im Blick auf das Lernen. Aber ich versuchte, ihnen auch deutlich zu machen, daß all unser Rechnen und Planen da eine Grenze habe, wo Gottes Wille für uns einen anderen Weg vorzeichnen würde. Dazu sei eine starke innere Bindung an Jesus Christus so wichtig, um mit ihm alle Dinge im Gebet besprechen zu können.

Bei solchen Worten unterbrach Martin mich oft. Er war der Ansicht, sein Leben läge allein in seiner Hand. Eine Rechenschaft vor Gott lehnte er strikt ab. Bestenfalls sei er sie seiner Mutter schuldig. Sein Vater war gleich nach Kriegsausbruch gefallen.

Ich habe mich gern mit Martin unterhalten. Auch wenn er manches nicht begreifen wollte, so konnte doch nicht gesagt werden, daß er sich allen Erkenntnissen verschloß. Er wollte nur unbedingt überzeugt sein. Ein sogenannter »Ja-Sager« war Martin nie.

Wenn der Unterricht am Dienstag zu Ende war, verabschiedete ich mich von den Kindern vor der Tür mit dem Hinweis auf Freitag. Hatten wir am Freitag gearbeitet, dann hieß es: »Auf Wiedersehen am Dienstag!« So war es auch an dem Tage, der für Martin zu seinem letzten wurde. Er gab mir die Hand und sagte: »Auf Wiedersehen, Herr Pfarrer!« Das bedeutete: Auf Wiedersehen am Dienstag. Für ihn gab es keinen Dienstag mehr.

Martin hatte es recht eilig. Er rief mir noch zu, er müsse Kohlen besorgen, da sie keine mehr hätten.

In der Nähe des Dorfes befand sich ein verlassenes Braunkohlenflöz. Kurz vor Kriegsbeginn war der Abbau, der sich eigentlich nie rentiert hatte, endgültig eingestellt worden. Den größten Teil der Grube hatte man zugeschüttet. Niemand kümmerte sich mehr darum. Als aber jetzt nach dem Krieg der große Mangel an Heizmaterial eintrat, erinnerten sich die Dorfbewohner der Grube und des Stollens, aus dem zuletzt, halb unter Tage, aber doch von der Seite her begehbar, die Kohlen gefördert wurden. Einige Männer machten sich an die Arbeit und legten den Stollen wieder frei, durch den man in geringer Tiefe an das Braunkohlenflöz herankam. Es war nicht sehr ergiebig, aber die Menschen, die sich dort täglich mit Hacke und Schaufel zu schaffen machten, holten das nötige für ihren Bedarf heraus.

Dorthin ging auch Martin. Am Morgen hatte ihn die Mutter gemahnt, Brennmaterial zu besorgen, denn der kleine Vorrat sei zu Ende gegangen. Martin lief also nach Hause, nahm die kleine Handkarre, belud sie mit einigen Säcken, einer Hacke und einer Schaufel und fuhr zum Braunkohlenstollen. Dort fand er viele Menschen vor, und es dauerte einige Zeit, bis er die Säcke voll hatte. Er schaffte sie aus dem niedrigen Stollen und belud den Handwagen. Plötzlich schrie ein Mann, der hier früher einmal gearbeitet hatte und sich auskannte: »Alles 'raus! Der Berg kommt 'runter!« Er hatte wohl das Knistern in den Holzverstrebungen vernommen, die die Stein- und Sandmassen hielten. Alles stürzte hinaus, um sich in Sicherheit zu bringen.

In diesem Augenblick entdeckte Martin, daß er da drinnen seine Hacke vergessen hatte. Ohne auf die Warnungen zu achten, lief er zurück und in den Berg hinein. Im gleichen Augenblick brachen die Holzverstrebungen zusammen. Gewaltige Mengen Sand und Gestein begruben den Jungen unter sich.

Es wurde sofort alles getan, um ihn noch lebend herauszuholen. Die Männer, die da waren, arbeiteten unermüdlich, leider ohne Erfolg. Als sie ihn fanden, war er bereits tot – erstickt. Alle Wiederbelebungsversuche hatten keinen Erfolg.

Ich saß noch im Pfarrhaus, als die Kunde von dem Unglück durch das Dorf eilte. Sofort machte ich mich auf den Weg und begegnete dem traurigen Zug derer, die ihn zu seiner Mutter brachten.

Ich habe sehr lange bei der guten Frau Heller gesessen, die nun ihr Letztes verloren hatte. Alle Versuche, ihr in ihrem Geschick Trost zu vermitteln, waren vergeblich. Die Frau saß wie versteinert da. Ich konnte nur bei ihr sitzen und ihre Hände halten. Worte kamen nicht an.

Nach vier Tagen haben wir Martin zur letzten Ruhe

gebettet. Genau an dem Dienstag, an dem wir uns wiedersehen wollten. »Auf Wiedersehen, Herr Pfarrer!« waren seine letzten Worte zu mir gewesen. Diese Worte habe ich der großen Trauergemeinde weitergesagt.

»Unser Leben währet...«, heißt es im Psalm. Ja, wie lange währt es? Siebzig Jahre, achtzig Jahre oder – gar nur vierzehn Jahre? Das steht allein in Gottes Hand, wann dieses Leben ein Ende hat, ob im Krieg oder im Frieden, ob als Kind oder als erwachsener Mensch. Gott allein hat das letzte Wort. Er weiß, welche Zeit für den einzelnen richtig ist.

Auch die Konfirmanden waren alle auf den Friedhof gekommen. Wir sangen zusammen unserem Kameraden Martin ein Lied, und dann nahm jedes der Kinder Abschied von ihm. Alle wollten sie ihm Blumen oder eine Handvoll Erde mitgeben.

Als wir dann zur nächsten Konfirmandenstunde zusammenkamen, blieb Martins Platz leer. Keiner setzte sich dort hin. Aber an der Tür, beim Abschiedshändedruck, wußte jeder, der mir die Hand reichte, daß dieses »Auf Wiedersehen, Herr Pastor« durchaus nicht unter allen Umständen die nächste Konfirmandenstunde sein mußte. Wir hatten miteinander begriffen, wie sehr auch ein solcher Gruß von Gott bestätigt sein muß.

In Wittenberg selbst wuchs die Arbeit. Die Jugendgruppen füllten sich, vor allem die Jungscharstunden. Der Raum, ein sogenannter Konfirmandensaal, war dafür nicht groß genug. Trotzdem machte es Spaß, mir und den Jungen. Mit diesen Zehn- bis Vierzehnjährigen zu arbeiten war eine helle Freude. Doch einmal wurde es für viele anders.

Im Mittelpunkt unserer Zusammenkünfte stand eine spannende Fortsetzungsgeschichte. Wie wäre es wohl anders möglich gewesen. Viele Erzählungen von mir, die später gedruckt wurden, sind auf diese Weise entstanden. Aber nicht allein die spannende Geschichte war es, die die Jungen anzog. Wir haben ebenso tüchtig gearbeitet. Auch das machte ihnen viel Spaß. Alttestamentliche und neutestamentliche Geschichten, vor allem das Leben Jesu, aber auch die Zehn Gebote waren immer wieder an der Reihe. Eines Tages ging es um das achte Gebot.

»Du sollst nicht falsch Zeugnis reden wider deinen Nächsten!« In eine einfache Sprache übersetzt, die die Jungen verstanden, hieß es: »Du sollst nicht lügen!«

Wir haben uns lange darüber unterhalten, was unter lügen eigentlich zu verstehen ist. Einige meinten, das sei doch klar: Wenn einer schwindelt, dann lügt er. Darauf konterte ein Junge, dessen Vater vor kurzem gestorben war, ob die Hoffnung, die ein Arzt einem todkranken Menschen mache, auch eine Lüge sei? Diese Frage hat die Kinder sehr beschäftigt. Zum Schluß behauptete ein anderer Junge, den ich wegen seiner Geradheit und Aufrichtigkeit sehr gern hatte, daß es doch nicht schwer wäre, dieses Gebot zu erfüllen. Darüber wurden plötzlich viele nachdenklich.

Wir waren schon ein wenig über unsere Zeit gekommen, die uns für den Jungscharnachmittag zur Verfügung stand, da machte ich den Vorschlag, wir sollten uns alle verpflichten, von diesem Tage an (es war gerade fünf Uhr nachmittags) bis zum nächsten Tag um diese Zeit nur die Wahrheit zu sagen, ganz gleich, zu wem es sei. In der nächsten Jungschar-Stunde, eine Woche später, sollten dann alle darüber berichten.

Der Vorschlag fand begeisterte Zustimmung. Ich hörte, wie im Hinausgehen einige Jungen sagten: »Na, das wird ja wohl noch zu schaffen sein!«

Die nächste Jungscharstunde kam heran. Mir fiel sofort auf, daß einige meiner kleinen Freunde sehr schweigsam waren, ganz gegen ihre sonstige Art. Ich wollte uns alle nicht lange auf die Folter spannen und stellte gleich zu Anfang die Frage, auf die sie alle warteten: »Na, wie ist es euch ergangen?«

Ich kann nur bedauern, daß ich über die Antworten keine Aufzeichnungen habe. Sie reichten von schweren Schimpfworten, über Ohrfeigen bis zu harter Bestrafung und der Drohung, die Jungscharstunden nicht weiter besuchen zu dürfen. Die meisten Jungen hatten wirklich versucht, nur die Wahrheit zu sagen, auch dann, wenn sie dafür mit Strafe rechnen mußten oder wenn die Wahrheit unangenehm war. Oft war es ihnen bei ihren Geschwistern noch schlimmer ergangen. Eine ältere Schwester, die sich in einem bestimmten Kleid schön fand und dies auch von dem jüngeren Bruder bestätigt haben wollte, hatte kein Verständnis dafür, daß er aus seinem Herzen keine Mördergrube machte, sondern frei heraus sagte, daß er das Kleid furchtbar finde.

Wir waren alle sehr betroffen, ich wohl am meisten, denn auch ich hatte meine Erfahrung gemacht. Eins wurde uns durch dieses Experiment klar: Es ist *eine* Sache, von den Geboten Gottes zu sprechen, und es ist eine *andere* Sache, sie im Leben zu verwirklichen. Daraufhin habe ich den Jungen aus der Bergpredigt vorgelesen, wie Jesus über die Gebote und ihre Bedeutung dachte. Wahrscheinlich hätten sie die Worte, die dort geschrieben sind, ohne unser Experiment gar nicht verstehen können.

8.

Während dieser Zeit in Wittenberg besuchte mich des öfteren – sobald der Verkehr wieder einigermaßen möglich wurde – ein Freund, der Landeswart des Evangelischen Jungmännerwerkes Sachsen/Anhalt. Unsere Freundschaft wurde immer enger. Auch er hatte sich ganz der Arbeit an jungen Menschen verschrieben. Auch er sah darin seine Lebensaufgabe, ihnen und anderen Menschen das Evangelium weiterzusagen.

Bald schlug er vor, ich sollte neben meinem Dienst im Kirchenkreis auch die Position eines Propsteijugendwartes übernehmen. Mein Superintendent stimmte dem zu, denn auch ihm war es wichtig, die Jugendarbeit soweit wie möglich auszubauen. Er sagte mir immer wieder, es würde vielleicht bald dahin kommen, daß wir nicht mehr in einer solchen Freiheit arbeiten könnten, wie es zur Zeit noch der Fall war.

Als dann aber eines Tages der Landeswart kam und zu Professor Meichsner sagte, es sei nun nötig, mich aus Wittenberg fortzuholen und an eine größere Aufgabe zu stellen, war der Superintendent gar nicht mehr so freudig dabei. Ihm tat es um die evangelische Jugendarbeit in seinem Kirchenkreis leid. Er fürchtete, nicht so bald einen Nachfolger für mich finden zu können.

Mein Freund schlug mir vor, die Arbeit des Landeswartes zusammen mit ihm zu tun und außerdem den Aufbau einer Sache zu übernehmen, die gerade jetzt spruchreif wurde. Es handelte sich um die Errichtung eines kirchlichen Tagungs- und Freizeitheimes sowie um die Leitung eines Seminars für evangelische Jugendführung, um das Schloß Mansfeld.

Ich war in den beiden letzten Jahren auch mit dem Bischof unserer Landeskirche, D. Ludolf Müller, stärker in Verbindung gekommen, und hatte in dem Mann, der in den schweren Jahren des Kirchenkampfes Großes geleistet hatte, einen neuen väterlichen Freund gewonnen.

Während einer Evangelisation, die ich in einem Vorort von Magdeburg hielt, wurde mir das Vorrecht und die Freude zuteil, im Hause des Bischofs wohnen zu dürfen und ihn wie seine prächtige Gattin näher kennenzulernen. Ich bin nur wenigen Menschen begegnet, die so warmherzig waren wie unser Bischof. Seine Güte hat mich auch über jenen Tag hinaus begleitet, der zu den schwärzesten in meinem Leben zählt. Doch davon später.

Jetzt schaltete sich auch Bischof Müller in die »Sache Mansfeld« ein. Ihm lag ebenso daran, daß ich dorthin ging. Nicht zuletzt war er es gewesen, der dafür gesorgt hatte, daß das Schloß, als es der evangelischen Landeskirche zur dauernden Nutzung überschrieben wurde, vom Evangelischen Jungmännerwerk in Gebrauch genommen wurde. So geschah es denn, daß ich zu Pfingsten 1948 mit meiner Familie auf Schloß Mansfeld einzog.

Mansfeld, erbaut von den Grafen von Mansfeld, in seinen Ursprüngen, den ältesten Teilen, aus dem elften Jahrhundert stammend, steht im Südharz, hoch über der kleinen, auch heute noch mittelalterlich anmutenden Stadt gleichen Namens. Seine Geschichte ist nicht unwesentlich mit dem Namen Luther verknüpft. Zu Füßen des Burgberges verlebte Martin Luther seine Jugend. Von seiner Höhe kann man auf das Haus hinabblicken, in dem die Familie Luther gewohnt hatte.

Der Blick von der »Mine«, wie der berühmte Mauervorsprung des Schloßberges genannt wird, geht weit über das Land zu den Bergen des Südharzes. Rechts im Hintergrund liegt das Industriegebiet von Hettstedt, und zur Linken erstreckt sich der Wald des Schloßberges. Die Bahnstation, von der aus das Schloß zu erreichen ist, liegt in jenem Klostermansfeld, von dem aus sich die Mansfelder Kupfergruben in Richtung Eisleben hinziehen. Die Abraumhalden dieses Gebietes sind weithin zu sehen.

Das Schloß selbst ist ein Bau aus dem Ende des neunzehnten Jahrhunderts unter Einbeziehung von Teilen des alten Schlosses, vor allem eines wundervollen Wendelsteines. Die Kellergewölbe sowie das Erdgeschoß des Schloßbaues stammen sicher aus dem fünfzehnten oder gar vierzehnten Jahrhundert. Betritt man die Schloßanlagen, muß man zunächst durch ein äußeres Tor mit einem Torhäuschen, geht über eine steinerne Brücke, die den alten Burggraben überspannt und kommt dann in den weiten Innenhof. Rechter Hand liegen die Stallgebäude, deren Gewölbe wohl auch einige Jahrhunderte auf dem Buckel haben. Die linke Seite des Innenhofes wird von Ruinen begrenzt, unter denen die des sogenannten »Goldenen Saales« die interessanteste ist. Links neben dem Schloß steht die alte Schloßkirche, ein Bau, der wohl schon Martin Luther als Prediger zu Gast sah. Das Altarbild von Lukas Cranach dem Jüngeren ist ihre besondere Kostbarkeit. Zwischen Kirche und »Goldenem Saal« geht es unter einem Torbogen hindurch zu weiteren Ruinenteilen, die sich weit in den Wald hinein erstrecken. Immer wieder stößt man auf unterirdische Gewölbe, die nur zum Teil begehbar sind. Über sie gibt es mancherlei Geschichten und Sagen.

Das wurde nun mein neuer Wirkungsort. Die Einweihung des Schlosses als Stätte des Evangelischen Jungmännerwerkes fand mit der ersten großen Tagung des LAK, dem Landesarbeitskreis dieses Werkes statt. Weit über einhundert junge Männer aus allen Teilen von Sachsen/Anhalt reisten dazu an.

Zuvor aber gab es noch viel zu tun. Das ganze Schloß

mit allen Nebenräumen mußte für den neuen Zweck überhaupt erst her- und eingerichtet werden. Das war jedoch aus zweierlei Gründen äußerst schwierig. Einmal wohnten noch immer Flüchtlingsfamilien im Schloß, für die im Ort und in der Umgebung Unterkunft gefunden werden mußte. Zum anderen war es fast unmöglich, für so viele Menschen Betten, Bettwäsche, Geschirr und vieles andere zu beschaffen.

Wir haben es geschafft. Als alles soweit war, hatten wir den Eindruck: Hier ist nicht nur ein, nein, hier sind viele Wunder geschehen. Das kann aber nur der nachempfinden, der die Zustände in der sowjetischen Besatzungszone am eigenen Leibe erlebte.

Als die vielen jungen Männer endlich versammelt waren und wir im »Blauen Saal« des Schlosses das erste Lied miteinander sangen und Worte der Bibel hörten, ahnten weder der Landeswart noch ich und die vielen anderen Helfer, welche geschichtlichen Stunden wir auf diesem Schloß erleben würden, wieviel unendliche Freude, aber auch Leid uns mit diesem Schloß in die Hände gelegt worden waren.

Ein Höhepunkt in jedem Jahr war die Neujahrsfreizeit. Dazu kamen jeweils an die hundert junge Männer zusammen, um miteinander in der Bibel zu arbeiten, sich über Fragen eines christlichen Lebens zu orientieren, zu singen und zu beten und fröhliche Gemeinschaft zu erleben.

Jedes Mal wurde das neue Jahr auf besondere Weise begrüßt: Auf der »Mine« wurde ein mächtiges Holzkreuz errichtet. Sein sehr trockenes Holz, mit brennbaren Materialien getränkt, wurde um Mitternacht angesteckt. Als sichtbare Mahnung an die Gegenwart Gottes leuchtete es weit in das Mansfelder Land hinein. Dazu erschallten von der Höhe des Berges Lieder, die den Menschen sagten, daß hier junge Christen versammelt waren.

Solches Tun blieb natürlich auch denen nicht verborgen, die sich als die Herren des Landes sahen, den Funktionären der SED, der Sozialistischen Einheitspartei Deutschlands, die inzwischen gegründet worden war. Die Parteischule für den ganzen Bezirk befand sich am Fuße des Berges im Städtchen Mansfeld. Bald spürten wir den Haß, der von dort unten heraufwehte. Mit kleinen und großen Schikanen versuchte man, uns das Leben zu erschweren.

Ein Teil meines Dienstes spielte sich nicht im Schloß Mansfeld ab, sondern draußen im Land. Besuche in den Jugendgruppen und Jungmännerkreisen der Gemeinden, Kreisjugendtage der evangelischen Jugend, der »Tag auf dem Petersberg« bei Halle, Evangelisationen, nicht nur für junge Menschen, Vorträge über Themen eines christlichen Lebens, Zurüstung von Mitarbeitern und vieles mehr führte mich oft tagelang ins Land hinaus. So manches Mal hatte ich auch Berlin zu besuchen, das noch nicht durch eine Mauer geteilt war. Dabei erlebte ich einmal folgendes:

Zwei Tage hatten wir in unserer Berliner Zentrale für den gesamten Bereich der sowjetischen Besatzungszone (später: DDR) gearbeitet. Nun sollte es wieder nach Hause gehen. Die Fahrverbindungen erforderten zwar noch immer erheblichen Zeitaufwand, doch verkehrten die Züge der alten Reichsbahn halbwegs regelmäßig.

Freunde aus Westdeutschland, die zu jener Zeit ohne Behinderung mit uns zusammensein konnten, hatten uns allerlei mitgebracht, was wir dringend brauchten, aber weder für Geld noch gute Worte bei uns bekommen konnten. Dazu gehörte auch der sehr erwünschte Kaffee, Schokolade für die Kinder, gute Zigaretten oder Zigarren, vor allem aber technisches Gerät, das es bei uns nicht gab. Jeder bekam für sich und seine Familie sowie für seinen Dienstbereich einiges mit.

Mein Koffer war an jenem Nachmittag gut gepackt. Ich hoffte, am Bahnhof Friedrichstraße nicht in eine Kontrolle zu geraten. Das konnte nämlich bedeuten, daß man alles loswurde.

Frohgemut betrat ich den Durchgang zu den Bahnsteigen, als ich zu meinem Schrecken plötzlich den allzu bekannten Ruf hörte: »Sie da, Sie kommen mal mit!«

Ich tat zunächst, als habe ich die Aufforderung nicht vernommen, denn sie kam von hinten. Aber das nützte nichts. Der Vopo (Volkspolizist) war sehr schnell neben mir und forderte mich – nun sehr viel energischer – auf, mit ihm zu gehen. Kontrolle! Mir fiel das Herz in die Hose! Schade um die vielen schönen Sachen!

In einem unteren Bahnhofsraum mußte ich auf einem langen Tisch alles auspacken. Auch die persönlichen Sachen, Waschzeug, Ersatzunterwäsche usw. wurden bis ins letzte untersucht. Natürlich lagen daneben die schönen Dinge, die zu Hause Freude bereiten sollten.

Plötzlich stutzte der untersuchende Vopo. Er hielt ein Buch in der Hand und blätterte darin. Es war meine Bibel. »Sie haben eine Bibel dabei?« fragte er etwas überflüssig. Ich konnte diese Frage nur bejahen.

»Lesen Sie in der Bibel?« fragte er weiter.

»Ja«, sagte ich, »ich lese täglich in meiner Bibel.«

Der Mann in Uniform schüttelte den Kopf, blickte sich nach den Seiten um und sagte zu mir: »Packen Sie ein!«

Verblüfft fragte ich: »Alles?«

Der Vopo nickte. »Ja, alles – auch Ihre Bibel.«

Als ich später im Zug saß, habe ich mich nicht nur gewundert, daß dieser Mann es wagte, gegen seine Vorschriften zu handeln, sondern auch darüber, wie Gott auch dann seine Hand über uns hält, wenn es um die von allen gefürchtete Polizei geht, deren Allgewalt wir bei allen nur möglichen Gelegenheiten zu spüren bekamen. Für mich bedeutete dies wieder einmal mehr, daß Gott alle Macht in seinen Händen hält. Dazu gehören auch die Organe eines Staates. Vor allem: Er lenkt Menschenherzen, wie es in Psalm 33 steht. Mein Verwundern ging in Dank über, und etwas später meinte ich zu mir selbst: Warum wunderst du dich immer wieder? Hast du nicht oft genug erlebt, daß Gott nichts unmöglich ist?

Auf einem dieser Rückwege aus Berlin ist auch jenes Lied entstanden, das zu meiner Freude heute noch drüben in der DDR, aber auch hier in der Bundesrepublik in evangelischen Jugendkreisen gesungen wird.

Es war eine Nachtfahrt. Der Anschluß hatte nicht geklappt, und der D-Zug in Richtung Sangerhausen, in dem ich endlich Platz gefunden hatte, war so überfüllt, daß ich die ganze Fahrt hindurch auf dem Gang stehen mußte.

Wir hatten in den letzten Wochen auf Schloß Mansfeld viel Unangenehmes erlebt. Immer häufiger erschien die Volkspolizei und machte uns Schwierigkeiten. Hinzu kam noch etwas anderes: Wir hatten kein Wasser. Gerade in den Monaten der größten Belegung, also im Hochsommer, mußten wir ständig mit dem Wassermangel kämpfen. Die Leitungen von der Stadt herauf hatten zu wenig Druck. Eine zusätzliche Anlage zu installieren oder ein Wasserreservoir im Keller des Schlosses anzulegen, war sowohl aus Geldmangel, aber auch aus Gründen des nicht zu beschaffenden Materials unmöglich. Deshalb transportierten wir das Wasser mit Fässern auf einem alten Wagen den Berg hinauf, ein nicht nur zeitraubendes, sondern auch um der Hygiene willen gefährliches Unternehmen. Schon wiederholt hatte man uns gewarnt.

Das alles ging mir auf dieser Nachtfahrt durch den

Kopf. Daneben aber mußte ich an die wundervollen Freizeiten mit jungen Menschen denken, die von Monat zu Monat stärker belegt waren, so daß wir oft nicht wußten, wie wir alle unterbringen sollten. Die jungen Menschen kamen mit einer so großen Freude nach Mansfeld und nahmen den Segen Gottes in einem solchen Ausmaß mit, daß ich mich wiederum meiner Sorgen zu schämen begann. In diese Stimmung hinein kamen mir die Verse in den Sinn, die in den nächsten Tagen von mir auch vertont wurden. Ich habe sie auf einem Stückchen Papier auf dem Gang des D-Zugwagens niedergeschrieben, und so – kaum verändert – wurden sie damals von den jungen Menschen aufgenommen und werden sie immer wieder gesungen:

Wir jungen Christen tragen
ins dunkle deutsche Land
ein Licht in schweren Tagen
als Fackel in der Hand.

|: Wir wollen Königsboten sein
des Herren Jesu Christ,
der frohen Botschaft heller Schein
uns Weg und Auftrag ist. :|

Das Kreuz ist unser Zeichen,
den Sieg gibt Er allein.
Hier gilt kein schwaches Weichen,
Herr, schließe fest die Reih'n!

Herr, stärke uns den Glauben,
sei unsrer Reinheit Schild,
will sie der Teufel rauben,
bewahre uns dein Bild.

Du gibst uns Kraft, zu tragen
der Menschen Hohn und Spott.
Wir wollen weitersagen,
was endet alle Not.

Christ wird das Feld behalten
in jener letzten Zeit.
Sein Gnade möge walten
auch unsre Ewigkeit.

Es hat mich immer wieder bewegt, daß unser Herr mir in jenen dunklen Stunden solche Worte und dazu auch noch eine Melodie geschenkt hat, die leicht einprägsam ist und gern gesungen wird. Als die Not später ganz groß wurde, sind mir selbst und vielen anderen diese Liedverse Stärkung und Kraftquelle gewesen.

Es wurde eine festliche Stunde, als wir im Blauen Saal von Schloß Mansfeld während einer großen Jungmännerfreizeit dieses Lied »aus der Taufe hoben«. Viele, die es heute singen, wissen nicht mehr, was es uns damals bedeutete.

Die Arbeit auf Schloß Mansfeld hatte inzwischen noch einen neuen Zweig erhalten, die Erholungsfreizeiten für Rußland-Heimkehrer. Schon damals in Wittenberg hatte ich die ersten der Männer gesehen, die sich nur mühsam aufrecht hielten, um wenigstens noch bis an die heimatliche Haustür zu kommen. Es gab viele, die kaum noch laufen konnten. Sie krochen die Straßen entlang oder wurden von ihren Kameraden mitgeschleppt. Zum Teil waren es gedunsene, vom Wasser aufgeschwemmte Gestalten, denen das Grauen einer unmenschlichen Gefangenschaft in den Gesichtern geschrieben stand.

Dieser Menschen nahmen wir uns auch in Mansfeld an, luden sie über die Gemeinden zu zwei- bis dreiwöchigen Freizeiten ein, die für einzelne nach Bedarf auch länger dauerten, um sie ein wenig »herauszufüttern« und sie vor allem seelisch und geistlich aufzurichten. Es gelang uns, aus bäuerlichen Gemeinden Lebensmittelspenden zu bekommen, die von treuen Helfern eingesammelt und uns gebracht wurden, wenn wir sie nicht selbst mit geborgtem Fuhrwerk abholen konnten. Die evangelische Frauenhilfe aus den Gemeinden der Stadt Nordhausen unter der Leitung einer sehr treuen Frau Pastorin, die erst vor einigen Jahren ihren Mann an einer schweren Krankheit verloren hatte, tat sich unter den vielen helfenden Menschen in ganz besonderer Weise hervor. Leider reichte das alles aber nicht aus. Es kamen immer mehr Heimkehrer, die dringend unserer Hilfe bedurften, und die wir nicht vor der Tür lassen konnten. Was tun? Woher zur Bewältigung dieser schrecklichen Not das nehmen, was den armen Menschen zuerst einmal helfen konnte, nämlich gute, wertvolle Nahrungsmittel?

Ein Erlebnis dieser Zeit gab mir den letzten Anstoß zu einer außerordentlichen Aktion, um einmal die größten Nahrungssorgen zu überwinden; denn von staatlicher Seite hatten wir keine Hilfe zu erwarten.

Nach einem guten Abendessen saß ich noch eine Weile mit unseren Heimkehrern zusammen. Wir hatten für sie in dem Nebengebäude auf der rechten Seite des Schloßhofes einige Zimmer hergerichtet. Nachdem wir diese Räume von vielem Unrat und auch einigen nutzlosen Zwischenwänden befreit hatten, waren daraus ganz gemütliche Unterkünfte entstanden. Man durfte an diese Zimmer natürlich nicht die Maßstäbe anlegen, wie wir es heute in der Bundesrepublik gewöhnt sind. Unsere Ansprüche bewegten sich damals auf einem Niveau, an das man heute nicht einmal mehr zu denken wagt. Im Erdgeschoß des Seitengebäudes hatten wir einen Raum für den gemeinsamen Aufenthalt hergerichtet. Er war mit einigen Spielen ausgestattet und diente auch als Versammlungsraum zu täglichen Andachten, die für die Männer gesondert gehalten wurden.

An jenem Abend nun hatte ich über ein Bibelwort gesprochen, an das ich Überlegungen für das zukünftige

Leben der vor mir sitzenden Männer anstellte. Plötzlich sprang einer von ihnen auf – einer von denen, die gesundheitlich besonders angeschlagen waren – und schrie aus tiefer Erregung in den Raum: »Ich will leben! Ich will leben!« Als ihn einige entsetzt anblickten – weniger wegen seiner Worte, sondern wegen der tiefen Erregung, aus der heraus sie gesprochen wurden –, schrie er es noch einmal heraus: »Ja, ich will leben! Ich will leben!« Danach setzte er sich und sprach während des weiteren Zusammenseins kein Wort mehr.

Später, im Dunkeln, auf dem weiten Schloßhof, traf ich ihn und schloß mich ihm zu einem kleinen Rundgang an. Da fing er an zu sprechen. Seine ganze innere Not redete er sich von der Seele herunter, und als er nach langer Zeit endlich still war, sah er mich in der Dunkelheit mit einem Blick an, der mich erschütterte. Dieser noch so junge Mensch – er war kaum fünfundzwanzig Jahre alt, sah auf den ersten Blick aber wie zwischen vierzig und fünfzig aus – hatte im Grunde genommen noch niemals wirklich gelebt, er war immer gelebt worden. Zuerst in der Hitlerjugend, dann im dicksten Schlamassel des Rußlandkrieges, danach in der schrecklichsten Gefangenschaft, die man sich vorstellen kann. Wie oft hatte er den Wunsch gehabt, zu »krepieren«, um endlich aus allem heraus zu sein – nun aber wollte er leben.

Wir haben noch manches Wort miteinander gesprochen, und mit der ganzen Gruppe habe ich darüber geredet, was denn eigentlich Leben sein sollte. Doch eines ging mir dabei nicht aus dem Sinn: Alles, was wir ihnen geben konnten, damit sie erst einmal wieder gesund und kräftig wurden, war völlig ungenügend. Hier mußte mehr getan werden.

Das brachte mich auf einen Weg, den ich nach langen Gebeten im Vertrauen auf Gottes Möglichkeiten endlich gegangen bin.

Dieser Weg führte mich in den Westen, zu Freunden des CVJM und des Kirchlichen Hilfswerkes, von dessen Möglichkeiten wir wußten, dessen Hilfe wir aber durch die harte Grenzlinie zwischen Ost und West leider nicht im größeren Maße in Anspruch nehmen konnten.

Eines Morgens machte ich mich auf den Weg. Im schönsten Sonnenschein gelangte ich als Anhalter auf einem Lastwagen bis Benneckenstein im Harz. Zwischen diesem Ort und der Ortschaft Hohegeiß war es nur noch ein sogenannter Katzensprung, aber dazwischen lag die Demarkationslinie, wie es so schön hieß, die schwerbewachte Grenze zum »imperialistischen« Westen. Ich hatte natürlich einige Papiere bei mir, vor allem eine Bescheinigung des Bischofs unserer Landeskirche, auf der die dringend notwendige Versorgung des Heimkehrerheimes Schloß Mansfeld mit Nahrungsmitteln aus den Beständen des Kirchlichen Hilfswerkes in Stuttgart bescheinigt war. Trotzdem wußte ich, daß mir dies nichts helfen würde, wenn man mich schnappte.

Durch eine Fichtenschonung, die leider erst knapp mannshoch war, arbeitete ich mich den Berg hinauf in Richtung Hohegeiß. Ich hatte zweierlei zu fürchten: einmal die russischen Grenzsoldaten, zum anderen die deutschen Vopos. Wer jeweils schlimmer war, ließ sich vorher kaum sagen.

Mir rann der Schweiß von der Stirn, denn die Sonne traf die kleine Schonung mit voller Stärke. Immer wieder mußte ich verschnaufen. Die kurze Entfernung schien kein Ende zu nehmen. Aber bald mußte ich es geschafft haben.

Da hörte ich plötzlich den Ruf: »Halt, stehenbleiben! Sonst wird geschossen.« Diese Worte kamen von einem deutschen Vopo. Ein so einwandfreies Deutsch sprach ein Russe nur ganz selten. Ich versuchte trotz der Warnung weiterzulaufen. Das aber bekam mir schlecht.

»Bleiben Sie sofort stehen! Ich schieße sonst!« Dabei hörte ich deutlich, wie der Karabiner entsichert wurde. Den Mann selbst sah ich noch immer nicht, aber er konnte nicht weit von mir sein.

Ich richtete mich auf und blickte um mich. Etwa fünfzig Meter unter mir stand ein Volkspolizist und legte die Waffe auf mich an. Ich versuchte ein Letztes.

»Mensch, Kerl, laß mich doch laufen! Es sieht uns doch keiner«, rief ich ihm zu. Der Mann aber schüttelte den Kopf, und ich sah an seiner Geste, daß er es ernst meinte. Da packte mich die Wut. Ich blieb einfach stehen, ignorierte seine Aufforderung, herunterzukommen und zwang ihn dadurch, zu mir heraufzusteigen. Das wiederum hat diesen Menschen wütend gemacht, was mir schlecht bekam. Unter Stößen mit dem Kolben des Karabiners trieb er mich vor sich her bis hinunter nach Benneckenstein, ein Stück durch den Ort hindurch zu einem Haus, an dem ich zu meinem Entsetzen das Schild der russischen Kommandantur sah. Dort sperrte er mich in einen Keller ein.

Hier hatte ich viel Zeit zum Nachdenken. Dabei kam mir das Wort der Losung und des Lehrtextes in Erinnerung, das ich am Morgen dieses Tages vor meinem Weggang von Schloß Mansfeld gelesen hatte. Darin stand etwas von der Löwen Rachen, vor die man geworfen werden kann, und im zweiten Wort – ich meine, es kann das aus 2. Timotheus 4, 17 gewesen sein: »Ich wurde errettet aus dem Rachen des Löwen«. Genau weiß ich es nicht mehr. Aber es hatte sich mir eingeprägt, daß der Schluß dieser Tageslosung sehr tröstlich war.

Nun, hier befand ich mich wohl im Rachen des Löwen. Es konnte mir sehr schlecht ergehen, wenn Gott seine Hand nicht über mir halten würde. Ich bat ihn darum von ganzem Herzen und muß darüber in meiner Erschöpfung eingeschlafen sein. Als ich wieder erwachte, war es bereits stockfinster. Doch ich merkte sofort, daß ich in diesem Keller nicht mehr allein saß. Es mußten sehr viele Menschen dazugekommen sein, denn ich konnte kaum noch die Füße bewegen. Und als ich zur Tür wollte, weil ich unbedingt einen gewissen Ort aufzusuchen hatte, bin ich mehr als einmal gestolpert.

Die Unterhaltungen, die ich den Rest der Nacht mit anhörte, waren sehr unterschiedlich. Sie hatten die Bandbreite von »Es wird schon nicht so schlimm werden!« bis »Ihr werdet schon sehen, die sperren uns wochenlang ein und lassen uns für die Russen arbeiten.«

Mir war nicht sehr fröhlich zumute, um so weniger, als ich stark fror, trotz der vielen Menschen, die eine gewisse Wärme verbreiteten. Als man mich in den Keller gesperrt hatte, war ich total durchgeschwitzt gewesen. Das löste nun das frostige Gefühl aus. Eine gute Woche später, als ich wieder auf Schloß Mansfeld war, kam denn auch eine Rippenfellentzündung zum Ausbruch. Zunächst aber ging die Sache so weiter: Am Morgen, so gegen neun Uhr, wurde endlich die Kellertür geöffnet, und ein russischer Soldat – kein deutscher Vopo – kommandierte: »Raustreten!« Dabei rollte er das »R«, daß einem schon Angst werden konnte. Wir drängten zur Tür hinaus und nahmen in dem langen Gang des Kellers Aufstellung. Dann standen wir mindestens eine Stunde lang. Einige versuchten, sich einfach hinzusetzen, aber der Soldat scheuchte sie schnellstens wieder auf.

Endlich kam dann der hohe Herr, der Kommandant. Zuvor brüllte der Wachsoldat: »Achtung, der Herr Kommandant!« Diese Worte konnte er gut deutsch. Er benutzte sie wohl recht häufig.

Der russische Offizier, ein Mann im Kapitänsrang, also ein Hauptmann, ging an der langen Reihe entlang, blickte jeden von uns eindringlich an, und begann das ganze am rechten Flügel noch einmal. Diesmal stellte er seine Fragen: »Wo willst du hin?«

Antwort: »Ich will zu meinen Verwandten nach dem Westen.«

Frage zum nächsten: »Wo willst du hin?«

Antwort: »Zu meiner Mutter, die ist drüben.«

Frage zum nächsten: »Und wo willst du hin?«

Antwort: »Auch zu meiner Mutter.«

Das ging so einige Zeit weiter. Etwa vom zehnten an gab der russische Offizier selbst die Antworten: »Sicher zu deiner Mutter. Sicher zu deiner Großmutter. Sicher zu deinen Verwandten.« Er grinste dabei, als wollte er sagen: Die halten mich alle für dumm. Ich weiß genau, daß sie was zu fressen holen wollen.

Dann kam er zu mir. Auf seine Frage setzte er bereits selbst zur Antwort an, da fiel ich ihm ins Wort: »Ich will von drüben Lebensmittel holen. Bei uns wird gehungert.«

Der Offizier blickte mich erstaunt an, als käme ich aus einer anderen Welt. Er wandte sich zu dem Wachsoldaten und sagte auf russisch (soviel verstand ich noch von Rußland her): »Bringen Sie den Mann in mein Zimmer.«

Da stand ich dann in dem etwas kärglich eingerichteten Raum des Kommandanten und wartete der Dinge, die da kommen sollten. Ich durfte wohl auf nichts Gutes hoffen. Einmal meinte ich, es wäre besser, ich befände mich in den Händen der Vopo, dann aber dachte ich wieder, vielleicht hat der Russe mehr Verständnis für mein Anliegen als die Deutschen. Nun, ich würde es bald sehen.

Endlich kam der Kommandant. Er war von mittelgroßer Figur. Aus dem großflächigen, offenen Gesicht blickten mich ein paar braune Augen ruhig und interessiert an.

»Was hast du mir zu sagen?« war seine Frage. Zuvor befahl er mir noch, meine Taschen auszuleeren, vor allem meine Brieftasche.

Nun nahm ich die Brieftasche wieder zur Hand und zeigte ihm die Bescheinigung meines Bischofs. Er rief einen Dolmetscher herbei und ließ sich den Text genau übersetzen. Dann fragte er noch einmal: »Was willst du mir sagen?«

Ich war der Ansicht, ein Herumreden um die Sache würde bestimmt nichts helfen und schilderte ihm langsam, damit er mit seinen Deutschkenntnissen mitkommen konnte, was ich im Westen wollte. Ich hielt auch damit nicht hinter dem Berg, daß es Lebensmittel für Rußlandheimkehrer sein sollten, die halbverhungert zu uns kämen. Hier unterbrach er mich.

»In Rußland nix Hunger, das nicht wahr.«

Ich sagte einfach: »Aber diese Männer sind durch den Hunger und durch das nasse Brot krank geworden. Bitte kommen Sie, und sehen Sie sich unsere Leute an.«

Er kramte indessen in meiner Brieftasche und erwischte dabei auch ein Bild, auf dem meine Frau und meine Kinder zu sehen waren.

»Das deine Frau?« Er blickte mich fragend an. Als ich nickte, sagte er: »Du hast hübsche Frau.« Dann fragte er wieder: »Das deine Kinder, wie alt?« Ich gab ihm Antwort.

»Gut, auch ich habe Kinder«, antwortete er. Plötzlich sagte er: »Pack ein!«

Ich wußte zunächst nicht, was das bedeuten sollte. Er wiederholte nur: »Pack ein!« Dann ging er zur Tür, rief den Soldaten und sagte auf deutsch, so daß ich es gut verstehen konnte: »Diese Mann kann gehen.«

In den nächsten Minuten stand ich draußen vor seiner Tür und wollte zum Hause hinaus. Da hielt mich ein Offizier der Vopo an und wollte mich wieder festnehmen. In diesem Augenblick habe ich einfach laut um Hilfe gerufen.

Daraufhin ging die Tür zum Zimmer des russischen Kommandanten wieder auf, und als der Kapitän sah, was da geschah, brüllte er mit einer Stimme, die alle zusammenfahren ließ: »Ich habe gesagt, diese Mann kann gehen, und es bleibt, diese Mann kann gehen, verstehen?«

So schnell und höflich hat mich kein Vopo-Offizier mehr zum Hause hinausgeleitet wie der, der mich soeben noch festhalten wollte.

Dann stand ich auf der Straße und blickte den Berg hinauf nach Hohegeiß. Mich packte der Zorn. Es mußte doch zu schaffen sein, so kurz vor der Grenze.

Ich versuchte es noch einmal und gab dieses Mal besser acht. Eine knappe Stunde später lief ich auf den Straßen von Hohegeiß.

Die Beschaffung der von mir gewünschten Lebensmittel wurde ein schwieriges Unternehmen. Ich mußte mich bis Stuttgart durchschlagen, wo die Gesamtleitung des Kirchlichen Hilfswerkes saß. Auch hier kam mir zugute, daß ich in CVJM-Kreisen kein Unbekannter war und überall in maßgebenden Stellen mir bekannte Leute antraf. Mir wurden vierzig Zentner Lebensmittel bewilligt: Reis, Grieß, Mehl, Haferflocken und noch vieles andere mehr. Auch der Transport bis zur Grenze wurde besorgt. Aber dann mußte ich sehen, wie ich es anstellte, diese vierzig Zentner nach drüben zu bringen.

Ich habe schon oft gesagt, Gott hat viele Wege und kann immer wieder Menschen bereitmachen, in seinem Sinne einen Dienst zu tun. Dieses Mal war es ein Bauer, nicht weit von Goslar, mit dem ich ins Gespräch kam. Bei ihm durfte ich zunächst einmal die vielen Säcke unterstellen, und dann – sein Feld lag zum Teil jenseits der Grenze – versteckten wir eines Nachts, mit einer festen Plane geschützt, die Säcke unter einer Fuhre Mist, die der gute Mann am nächsten Morgen auf sein Feld jenseits der Demarkationslinie fuhr. Das ging damals noch. In einer Feldscheune wurden die Säcke gelagert, bis ich sie am übernächsten Tag abholen konnte. Inzwischen wurde ich noch einmal geschnappt und mußte eine weitere Nacht in einem Keller verbringen. Diesmal aber gab es einen Deutschen unter den Vopos, dem ich die Wahrheit sagen konnte, und der mir selbst ein wenig weiterhalf. Auf diese Weise konnte ich meine kostbare Fracht heimbringen.

Die Zeit dort oben auf dem Berge, hoch über dem Städchen Mansfeld verging wie im Fluge. Eine Freizeit nach der anderen brachte junge Menschen in das alte Gemäuer, die dann nach acht Tagen das Schloß wieder verließen, um anderen Platz zu machen. Im Sommer war es oft schwül. Die Hitze staute sich an dem Höhenzug und brachte manches Mal nur dann Entlastung, wenn ein Gewitter die Luft entspannte. Nicht selten waren diese Gewitter sehr schwer. Dann saßen wir alle in Bereitschaft, um sofort löschen zu können, wenn ein Blitz ins Haus einschlagen sollte. Einmal, nach einem besonders heißen Tag, brach ein solches Unwetter mit derartigem Toben über uns herein, daß wir mit allen Freizeitteilnehmern, mindestens fünfzig jungen Männern, auf der Turmtreppe, jenem wundervollen alten Wendelstein, hockten und mit vollen Wassereimern auf den Augenblick eines Einschlages warteten.

Dann aber gab es auch wieder schöne Abende auf der Mine. Wir sangen frohe und ernste Lieder ins Tal hinab und blickten auf die in der Dunkelheit der Nacht versinkenden Berge des Südharzes. Nach solchem Singen standen wir oft noch lange schweigend in der Dunkelheit.

Es war nach einem solchen Abend auf der Mine. Ich saß in meinem Arbeitszimmer am Schreibtisch und hatte noch zu tun. Irgendwelche Abrechnungen plagten mich. An Büroarbeit habe ich nie viel Freude gehabt. Doch sie mußte gemacht werden, und von der Sorgfalt, mit der dies geschah, hing so manches ab.

Es klopfte. Ich mußte dieses Klopfen zuerst überhört haben, denn es wurde bald darauf energisch wiederholt. Auf mein »Herein« betrat ein junger Mann, ein Freizeitteilnehmer, das Zimmer. Ich deutete auf den Stuhl neben meinem Schreibtisch und brachte erst einmal meine Arbeit zu Ende. Dann wandte ich mich dem Besucher zu. Der junge Mann war etwa sechzehn oder auch siebzehn Jahre alt. Als ich ihn nach seinem Anliegen fragte, brach es wie ein Sturzbach aus ihm heraus. Er erzählte mir mit sich überschlagenden Worten von einem Mädchen, das er liebhabe und mit dem er nun schon eine Zeitlang »gehe« und das er unbedingt ganz für sich haben müsse. Aus seinem Erzählen wurde mir deutlich, daß dieses Mädchen ihn zwar gern habe, daß es aber bei ihm Bedenken gäbe im Blick auf die Eltern, die der Meinung seien, die beiden wären für eine festere Bindung noch viel zu jung.

Mein Besucher erzählte mir dies alles mit einer Stimme, aus der der Vorwurf über eine solche Einstellung sehr deutlich herauszuhören war. Er drückte seine Ansicht auch dahingehend aus, daß sie bestimmt alt genug seien, um darüber allein bestimmen zu können, und daß dabei nur ihre Liebe zu entscheiden habe. Zum Schluß sagte er in etwa: »Ich liebe die Erika, und ich *will* sie haben, ich *muß* sie haben. Für mich kommt gar keine andere in Frage.«

Ich habe mit dem jungen Mann lange gesprochen. Vor allem versuchte ich ihm deutlich zu machen, daß Liebe nicht nur »Haben-wollen«, sondern auch »Geben-müssen« bedeutet. Ich sagte ihm, daß Gott uns einen Menschen anvertraut, damit wir vor allem *für ihn* da sind, für *ihn* sorgen und *ihn* mit unserer Liebe umgeben. Es nützte wohl nicht viel. Als er von mir ging, hatte ich den Eindruck, daß dieser junge Mensch noch viel Schweres erleben würde, ehe er begriff, was Liebe eigentlich bedeutet.

Doch dann erlebte ich etwas sehr Seltsames.

Kaum hatte dieser junge Mann das Zimmer verlassen – ich wollte gerade hinüber in meine Wohnung gehen –, da klopfte es noch einmal. Ich ging zur Tür und öffnete sie, weil sich auf mein »Herein« nichts tat, und holte mir den nächsten jungen Mann buchstäblich selbst herein. Offensichtlich hatte ihn im letzten Augenblick der Mut verlassen.

Wir setzten uns gleich an den großen Tisch in der Mitte des Zimmers, und ich wartete darauf, was nun kommen sollte.

Was ich da erfuhr – stockend und oft nicht im Zusammenhang gesprochen –, war im Grunde genommen das gleiche wie vor einer Viertelstunde, nur mit verkehrtem Vorzeichen. Ein junger Mensch erzählte mir die Geschichte seiner ersten wirklichen Liebe. Er berichtete sie mit allen Zeichen innerer Erregung, und der Tenor war diesmal: Ich kann doch nicht! Ich darf sie doch nicht mit meiner Liebe bedrängen! Ich möchte doch nicht, daß sie Schwierigkeiten mit ihren Eltern bekommt. Ich bin eher bereit, auf alles vorläufig zu verzichten, damit sie nur keinen Ärger bekommt oder sich gar mit ihren Eltern überwirft. »Bitte, helfen Sie mir doch, daß ich kein Unglück über mein Mädchen bringe.«

Mit diesem jungen Mann – er war fast genauso alt wie sein Vorgänger – habe ich noch sehr lange zusammengesessen. Wir haben viel gesprochen über das Wesen einer wirklichen Liebe und über die Verantwortung, die sie mit sich bringt. Ich habe ihm Mut gemacht, sich dieser Liebe zu stellen und darauf zu vertrauen, daß es einen Weg für seine Liebe gibt. Ich habe ihm auch gesagt, daß man eine solche Liebe im Gebet vor Gott bringen darf.

Er ging froh und zuversichtlich von mir. Als ich die Tür hinter ihm geschlossen hatte, trat ich noch einmal zum Fenster und blickte in die sternenklare Nacht hinaus. Wie seltsam ist das doch mit uns Menschen, mußte ich denken. Bei dem einen regiert auch in der Liebe nur das »Ich« und das »Haben-wollen«, der andere aber traut sich kaum, von seinen Empfindungen zu reden, weil er fürchtet, er könnte dem geliebten Menschen Schaden zufügen.

Dabei fällt mir ein ganz anderes Ereignis ein, das zeitlich nicht allzuweit von dieser Abendstunde entfernt liegt.

Für unsere drei Kinder, Christa, Bärbel und dem Jüngsten, Eberhard, war Schloß Mansfeld ein Paradies. Der parkähnliche Schloßhof bot viele Möglichkeiten zum Spielen. Hinzu kamen die Ruinen des »Goldenen Saales«, der »Schmiede« und wie sie alle hießen. Auch der sich anschließende Bergwald war ein ideales Gelände für Spiele aller Art, so daß auch immer einige Kinder aus dem Städtchen dabei waren und die Runde unserer drei ergänzten. Einige Sorgen bereitete mir die Fülle der unterirdischen Mauerreste, hinter denen sich mancherlei Gewölbe verbargen, die oftmals durch Gänge miteinander verbunden waren. Niemand von uns wußte, wie weit sie reichten und ob sie sich gefahrlos begehen ließen. Irgendwo könnte es einen Fall in eine nicht zu übersehende Tiefe geben, der böse Folgen haben konnte. Am interessantesten war in dieser Beziehung der Brunnen, der mit einem Dach versehen und umgeben von vielen Fliederbüschen zwischen Schloß und Nebengebäude lag. Fast jede Freizeit hatte versucht, die Tiefe dieses Brunnens auszuloten, ohne je erfolgreich gewesen zu sein. Schon oft war erwogen worden, einen Menschen an einem langen Seil hinabzulassen. Doch bisher hatte sich niemand gefunden, der dazu bereit war. Wenn man in die Tiefe des Schachtes angestrengt hinabsah oder gar an einem Bindfaden eine Lampe hinabließ, glaubte man in der Tiefe einen Absatz sehen zu können, von dem aus ein Gang seitlich abging.

Auch dieser Brunnen bedeutete im Blick auf die Kinder eine Quelle der Sorge. Doch sollte der beinahe tödliche Unfall in einer ganz anderen Ecke des Schloßhofes stattfinden. Ich erzähle es deshalb hier, weil es mir ein Beweis dafür ist, wie Gott uns hin und her einen Fingerzeig gibt, wenn Gefahr im Verzug ist.

In dem Gemäuer zwischen dem Schloß und der daneben stehenden Schloßkirche gibt es ein seltsames Gewölbe, das nur in einem großen Bogen nach außen sichtbar wird. In der oberen Hälfte dieses Gewölbebogens ragt ein eiserner Arm aus der Wand, dessen hakenartiges Ende dem Ganzen die Bezeichnung »der Galgen« eingebracht hat.

Der Volksmund, dem vieles zugeschrieben wird, erzählt, daß die Grafen von Mansfeld vor der Zeit des Reformators Dr. Martin Luther hier an diesem Haken die von ihnen zum Tode verurteilten Gefangenen aufgehängt hätten. Niemand kann heute sagen, ob dies stimmt. Auf jeden Fall hat dieser sogenannte Galgen etwas Unheimliches an sich.

Für Kinder scheint dies nicht zuzutreffen, denn nicht selten konnte ich beobachten, daß gerade an dieser Stelle gespielt wurde.

An einem schönen Sommernachmittag saß ich in meinem Arbeitszimmer über einer wichtigen Arbeit. Viel lieber wäre ich spazierengegangen, denn die Sonne und der herrliche Wald verlockten dazu. Ich mußte aber bei meiner Arbeit bleiben, denn sie war termingebunden.

Plötzlich ergriff mich eine seltsame Unruhe. Ich stand auf, um einen Blick nach draußen zu werfen und mich an dem Anblick der im Tal liegenden Häuser des Städtchens und den in der Ferne erkennbaren Höhenzügen des Harzes zu erfreuen. Meine Unruhe nahm aber nicht ab, sondern eher noch zu. Ich ging zur Tür und lauschte auf den Flur hinaus. Im ganzen Haus war es still, denn wir hatten gerade eine Freizeitpause mit der Möglichkeit, das Haus einmal gründlich zu säubern.

Die Stille im Haus bedrückte mich. Sie machte mich noch unruhiger. Langsam ging ich zur Turmtreppe und stieg ein paar Stufen nach oben, weil ich glaubte, dort müßten die Frauen tätig sein, die die Zimmer versorgten und reinigten.

Alles war aber still, unheimlich still. Auch die Kinder, die ich bis dahin im Schloßhof spielen hörte, waren verstummt. Weder im Hause noch von draußen erklang ein Laut.

Da packte es mich. Ich lief wie gejagt die Turmtreppe hinab und auf den Hof hinaus. Am gegenüberliegenden Ende des Schloßhofes glaubte ich einige Kinder zu sehen, die sich anscheinend im dortigen Gemäuer versteckten. In meiner Nähe schien nichts zu sein.

Ich trat ein paar Schritte vor und wandte mich nach rechts, ohne daß ich sagen könnte, warum ich es tat. Gleich darauf sah ich das Furchtbare. Da hing an jenem Galgen an einer starken Schnur, die um ihren Hals geschlungen war, meine Tochter Bärbel. Zu ihren Füßen lag ein umgekippter Küchenschemel.

Zum Glück hatte ich schon immer eine außerordentlich kurze Schrecksekunde. So gab es für mich auch in diesem Augenblick kein Überlegen. Mit wenigen Schritten war ich an der Mauer. In diesen Sekunden hatte ich schon mein Messer aus der Tasche gerissen und aufgeklappt. Mit einem Arm schob ich meine Tochter hoch, mit dem anderen schnitt ich die Leine durch und ließ das Kind zu Boden gleiten.

Mit einem Blick sah ich, daß Bärbel im Gesicht blau war und glaubte auch zu spüren, daß sie kaum noch atmete. Da fackelte ich nicht lange und griff zu einem Wiederbelebungsversuch, der sicher nicht den neuesten Erkenntnissen entspricht, aber schon manchmal geholfen hat, wenn die Zeit sehr knapp war: Ich legte das Kind über mein Knie und habe es mit einer Tracht Prügel, die bestimmt nicht von Pappe war, wieder zum Atmen gebracht. Gott sei Dank! – und das schreibe ich in voller Absicht – es half! Es war noch nicht zu spät. Als sie zu schreien anfing, stieg auch mein innerer Schrei zu Gott empor, der mir jene Unruhe gegeben hatte, die mich von meinem Schreibtisch trieb und mich auf den Hof treten ließ.

Sekunden später lag Bärbel schluchzend in meinen Armen, und auch mir liefen die Tränen die Wangen hinab. Ich hätte wohl keine drei Sekunden später kommen dürfen.

Den »Galgen« haben wir seitdem mit großem Respekt betrachtet, und ich konnte beobachten, daß auch die Kinder ihre Spiele an eine andere Stelle verlegten. Sie hatten »aufhängen« gespielt, und meine Tochter, die ja ein halber Junge war, mußte natürlich den verurteilten Gefangenen spielen. Als aber der Schemel umkippte und sie nach Luft schnappte, waren die anderen im Schreck davongelaufen.

Mit Schloß Mansfeld verbinden sich für mich aber auch viele schöne Erinnerungen. Irgendwie war das Leben dort auf dem Schloß intensiver als woanders. Dazu trug sicher die Schönheit der Natur, der parkähnliche Schloßhof mit seinem weiten Gelände, der Wald und die Romantik des ganzen Gebäudekomplexes bei.

Ebenso hatten die vielen jungen Männer daran ihren Anteil, die mit ihrer Begeisterung jede Tagung bereicherten. Das abendliche Singen von der Mine ins Tal hinunter, die morgendlichen Stunden in der geschichtsträchtigen Schloßkirche, die Abendmahlsfeiern und manches andere mehr prägten die Atmosphäre und machten den Aufenthalt auf Schloß Mansfeld unvergeßlich.

Daneben gab es aber auch schwere Stunden. Man versuchte immer öfter, uns durch mancherlei Schikanen das Leben zu erschweren. Die Verhöre durch die Organe des Staatssicherheitsdienstes, dem SSD, nahmen zu. Die Männer kamen zu den unmöglichsten Stunden und unter vielen Vorwänden. Manchmal erschienen sie sogar in Verkleidung.

Eines Morgens, wir saßen gerade beim Frühstück, wurde mir gemeldet, Feuerwehrleute seien auf dem Hof und wünschten mich zu sprechen. Ich wunderte mich, denn wir hatten gerade eine Begehung durch den Brandschutz hinter uns, dachte aber an nichts Böses. Als ich in den Schloßhof kam, war mir nach dem ersten Blick klar, daß ich es bei diesen Männern weder mit der Feuerwehr noch mit der Brandschutzpolizei zu tun hatte. Sie trugen freilich ähnliche Uniformen.

Ihr Anführer, ein untersetzter, zur Fülle neigender Mann, verlangte von mir, daß seinen Leuten alle Räume gezeigt würden, auch die Dachböden. Als ich ihn darauf aufmerksam machte, daß wir erst vor wenigen Tagen eine Kontrolle durch den Brandschutz gehabt hätten und ich nicht willens sei, schon wieder eine solche Aktion hinzunehmen, lachte er, winkte seinen Leuten zu, daß sie ruhig ins Haus gehen sollten und sagte zu mir: »Es erleichtert meinen Auftrag, wenn Sie ahnen, wer wir wirklich sind.« Danach stellte er sich als Kommissar der Leitstelle des SSD in Halle vor.

»Ich möchte mich mit Ihnen ein wenig unterhalten«, fuhr er fort. »Können wir uns irgendwo ungestört hinsetzen?« Es blieb mir nichts anderes übrig, als ihn in mein Arbeitszimmer zu bitten. Kaum aber waren wir dort angekommen, da ging er noch einmal zur Tür zurück, drehte den Schlüssel von innen um und steckte ihn in die Tasche. Ehe ich es verhindern konnte, tat er das gleiche mit den anderen beiden Türen. Meinen nicht sehr leisen Protest wehrte er mit der Bemerkung ab: »Erstens sind wir nun wirklich ungestört, und zweitens haben Sie sich jetzt meinen Wünschen zu fügen.«

Ich war entsetzt. Ich war ein Gefangener in meinem Hause. Blitzschnell durchzuckte mich die Erinnerung an ähnliche Augenblicke, als die politische Polizei noch Gestapo hieß. Es kam also alles wieder, nur unter anderem Vorzeichen und mit anderer Farbe.

Was würde nun geschehen? fragte ich mich. Ich brauchte nicht lange zu warten. Der SSD-Kommissar eröffnete das Gespräch.

»Uns wurde berichtet«, sagte er, »daß Sie sich geweigert haben, den Appell gegen die Atomwaffen zu unterschreiben. Stimmt das?« Gemeint war der sogenannte »Stockholmer Atomwaffenappell«, der sich einseitig gegen Amerika richtete.

Ich bejahte die Frage und fügte hinzu, daß ich dazu auch einen Grund habe.

»So, dann sagen Sie mir diesen Grund, aber bitte die Wahrheit.«

Ich blickte ihn voll an und hatte in diesem Augenblick sicher ein wütendes Gesicht. »Wie kommen Sie dazu, mich zu beleidigen?« fragte ich den Kommissar. »Wenn ich Ihnen etwas sage, dann ist es die Wahrheit, oder Sie bekommen von mir überhaupt keine Antwort.« Ich wußte, daß meine Worte recht gewagt waren, meinte aber, mich wehren zu müssen.

Der Mann des Staatssicherheitsdienstes ging über

meine Antwort hinweg und sagte nur: »Ich warte auf Ihre Auskunft.«

»Die sollen Sie haben.« Mir war jetzt alles egal. »Ich habe den Leuten, die hier bei mir waren, gesagt, daß ich sofort unterschreibe, wenn ich hinzusetzen darf, daß damit auch die sowjetischen Atomwaffen gemeint sind.«

»Und Sie halten das für klug?« erhielt ich zur Antwort.

»Sicher nicht für klug«, sagte ich, »aber für wahr. Ich kann nicht einsehen, welchen Unterschied es zwischen den Atomwaffen der USA und der UdSSR geben sollte.«

»Das kann ich Ihnen aber sagen«, antwortete mein Gegenüber. »Dic Atomwaffen der USA dienen der Vorbereitung neuer Kriege, die der Sowjetunion dem Frieden, oder glauben Sie das nicht?«

Ich äußerte meinen Zweifel an dieser Darstellung und verlangte Beweise für seine Behauptung. Das war das Signal dafür, daß dieser Beamte mir einen Vortrag über die Grundsätze der Staats- und Menschenführung bei Lenin und Stalin hielt. Er zitierte ganze Abschnitte aus Lenins Werken auswendig.

Als er endlich einmal innehielt, benutzte ich die Gelegenheit, ihn auf einige Widersprüche zwischen Lenin und Stalin aufmerksam zu machen. Auch ich konnte einiges zitieren, um meine Behauptungen zu begründen.

Der SSD-Mann blickte mich erstaunt an.

»Ja, lesen Sie denn die Werke Lenins und das, was unser großer Stalin geschrieben hat?« fragte er betroffen.

Ich bejahte die Frage und brachte einige weitere Zitate; denn vor nicht langer Zeit, während einer Herzkur in Bad Liebenstein, hatte ich mir die Zeit genommen, Lenin und Stalin etwas gründlicher zu lesen. Mein Gegenüber schüttelte immer wieder den Kopf. Plötzlich schien er aber etwas gefunden zu haben, mit dem er mich reinlegen wollte. Er grinste mich an und sagte: »Wenn Sie in diesen Fragen so beschlagen sind, dann werden Sie mir auch sagen können, auf welcher Grundlage Ihre Anschauung von diesen Dingen steht. Können Sie mir irgendwelche Unterlagen dafür beschaffen?«

Nun mußte *ich* im stillen lachen. Ich stand auf, ging zu meinem Schreibtisch, auf dem meine Taschenbibel lag, und sagte: »Vielleicht darf ich Ihnen einmal die entscheidenden Stellen für meine Welt- und Lebensanschauung vorlesen, wie sie in dem zentralen Werk stehen, das wir dafür haben.« Und ehe es sich mein Gesprächspartner noch versah, las ich ihm schon einige Stellen aus dem Neuen Testament vor. Leider ist es mir heute nicht mehr möglich zu sagen, welche dies waren. Ich war in jener Stunde auch viel zu aufgeregt, um sie zu behalten.

Mein Vorlesen schien den Mann zu interessieren. Er hörte mir aufmerksam zu, bis ihm plötzlich zu Bewußtsein kam, daß ich aus der Bibel vorlas. Er sprang auf und brüllte mich wütend an: »Was glauben Sie wohl, wen Sie vor sich haben? Das können Sie mit mir nicht machen. Legen Sie sofort das Buch weg, oder ich lasse Sie augenblicklich verhaften.«

Ich glaubte ihm anzumerken, daß er es bitter ernst meinte und habe ihn bestimmt entsetzt angesehen.

Mein Schreck wurde noch größer, als er plötzlich zur Flurtür lief, aufschloß und hinausblickte. Ich meinte, nun würde er einen seiner Männer rufen und mich festnehmen lassen.

Plötzlich aber drehte sich der Beamte des Staatssicherheitsdienstes wieder um, machte die Tür fest zu und sagte leise: »Vielen Dank, ich habe schon lange nichts mehr aus der Bibel gehört!« Damit verließ er ohne weiteren Gruß das Zimmer, rief seine Leute und fuhr mit ihnen wenige Minuten später in dem vor dem äußeren Tor stehenden Wagen ab. Ich habe ihn nie wieder gesehen. Es war auch das letzte Verhör auf dem Schloß. Die danach folgende Ruhe war eine Täuschung. Die Schikanen, die uns nun trafen, waren nur anderer Art.

Ich muß berichten, daß wir auf dem Schloß endlich einen Zweig unserer Arbeit eröffnen konnten, der uns schon lange am Herzen lag: Die Ausbildung junger Männer in einem sogenannten Proseminar für evangelische Jugendführung, in dem sie die ersten Grundlagen für ihre spätere Vollausbildung in einem Diakonenhaus oder einer Katechetenschule bekamen. Fast zwei Jahre konnten wir diese Arbeit durchführen. Sie geschah im Anschluß an die Beendigung der Heimkehrerfreizeiten in denselben Räumen, die wir dafür noch ein wenig herrichteten. Dieses Proseminar aber wurde für die SED in besonderem Maße zu einem Stein des Anstoßes, vor allem in der Parteischule in Mansfeld. Unsere jeweils fünfzehn bis zwanzig Schüler fielen trotz der geringen Zahl im Stadtbild dieser kleinen Ortschaft auf. Ihre besondere Art, ihr höfliches Benehmen und der selbstverständliche sonntägliche Kirchenbesuch dieser geschlossen wirkenden Gruppe blieben nicht verborgen.

Inzwischen ging das Jahr 1952 zu Ende. Bereits vor Weihnachten mußten wir unsere Seminaristen in Urlaub schicken, da wir kein Brennmaterial mehr hatten, um die Räume zu beheizen. Der Holzeinschlag in unserem Wald war uns verboten worden, und eine Kohlenzuteilung wurde uns verweigert. Alle meine Eingaben an den Kreis und auch an die Landesregierung blieben ohne Antwort. So hatten wir keine Wahl, wir mußten Zwangsferien machen.

Es wurde eine ruhige, aber für uns auch sehr traurige

Weihnacht. Alles Leben in dem sonst so lebendigen Schloß war erstorben. Der Blaue Saal, das Erkerzimmer und wie die Räume alle hießen, wirkten verlassen. Wir selbst hatten eine Erholungspause sicher nötig, nur durften wir nicht daran denken, was nach der Jahreswende werden sollte.

Es war ein sehr kalter Winter mit viel Eis und Schnee. Wenn ich mit meinem Schäferhund, den ich selbst gezogen hatte, durch den Wald lief, dann hatte ich Mühe, den Hund in dem tiefen Schnee nicht aus den Augen zu verlieren. Die Etagenheizung, die unsere Wohnung erwärmen sollte, lief auf halber Kraft, so daß es abends oft nicht möglich war, ohne dicken Pullover zu sitzen. Wir rückten mit unseren ständigen Mitarbeitern in Haus und Küche eng zusammen und sprachen uns gegenseitig Mut zu.

Unsere gute Gemeinschaft, in der wir von jeher lebten, war seit einigen Monaten angeknackst. Wir wußten, daß wir unter uns einen Spitzel hatten, der alles, was getan oder gesprochen wurde, der Parteileitung meldete. Daran gab es leider keinen Zweifel. Nur war es fraglich, wer es sein könnte. Es gab zwar Vermutungen, aber gerade solche Vermutungen können die Atmosphäre schnell vergiften. Unser Landeswart, der in einer Abendstunde versuchte, allen im Schloß Wohnenden bei einem Glas Wein ins Gewissen zu reden, erreichte auch nichts. Wir waren darüber sehr traurig, denn alle hatten es im Schloß gut. Sie waren nicht nur gut versorgt, sondern konnten über die Behandlung, die ihnen zuteil wurde, nicht klagen. Auch derjenige nicht, auf dem unser stärkster Verdacht lag – und das nicht zu Unrecht, wie sich später herausstellte.

Anfang Januar hatte ich in verschiedenen Gemeinden Jugendkreise zu besuchen. Als ich wiederkam und noch immer keine Zuteilung von Heizmaterial vorlag, war mir klar, daß etwas unternommen werden mußte, wenn nicht auch wir Angestellten das Schloß verlassen sollten. Ich fuhr nach Magdeburg zum Landeswart des Jungmännerwerkes. Außerdem gab es im Zusammenhang mit diesem Besuch eine Besprechung im Konsistorium. Man versprach, sich in verstärktem Maße auch von dort aus für uns zu bemühen. Vor allem wollte man bei der Landesregierung vorstellig werden.

Ich ließ mich beruhigen. Zum Glück gab es etwas Bruch im Walde, den wir benutzen konnten, um unsere kargen Vorräte an Heizmaterial etwas aufzufüllen. Um den zwanzigsten Februar herum ging es dann nicht mehr. Weder der Kreis noch die Regierung in Halle rührten sich, und es war nur zu offensichtlich, daß man uns auf diese Weise zur Aufgabe unserer Arbeit zwingen wollte.

Da wir in den nächsten Tagen eine Reise zu einer wichtigen Veranstaltung in Neinstedt am Harz eingeplant hatten, wo sich mein Diakonenhaus befindet, mußte ich – wenn überhaupt – schnellstens einen letzten Versuch starten, um die maßgebenden Stellen zur Aufgabe ihrer feindseligen Haltung zu bewegen.

Es war der 24. Februar 1953, der Geburtstag unserer ältesten Tochter Christa. Sie besuchte in der Kreisstadt Hettstedt die Zehnklassenschule, wozu sie täglich den Autobus benutzen mußte. Auch ich fuhr an diesem Tage nach Hettstedt zum Rat des Kreises, um zu versuchen, den Vorsitzenden zu sprechen.

Da wir in jenen Tagen auf alles gefaßt waren, weil die Hetze gegen mich bereits auf die Tageszeitungen übergriffen hatte, war zwischen meiner Frau und mir im Blick auf zu führende Telefongespräche eine besondere Vereinbarung getroffen. Solche Abmachungen dehnten sich auch auf einige andere Personen aus. Wir hatten wirklich nichts zu verbergen. Es wäre uns nie in den Sinn gekommen, durch irgendwelche verbotenen Handlungen unsere Arbeit auf Schloß Mansfeld zu gefährden, aber wir mußten halt mit allem rechnen, weil man uns übel wollte.

In Hettstedt kam ich bis zum Vorzimmer des Vorsitzenden des Rates des Kreises. Hier wurde ich von der Sekretärin aufgehalten mit der Bemerkung, der Herr Vorsitzende sei für mich nicht zu sprechen. Ich habe meine ganze Überredungskunst aufgeboten, aber es nützte nichts. Der Herr hatte Weisung gegeben, mich nicht vorzulassen. Da platzte mir der Kragen.

In diesen Augenblicken habe ich wirklich nicht mehr überlegt gehabt, was ich tat. Ich hatte ganz einfach Angst um unsere Arbeit und meinte, es müßte das Letzte versucht werden. Ich schob die Sekretärin, die vor der Tür zum »Allerheiligsten« stand, einfach beiseite, öffnete die Tür und trat ein.

Der Vorsitzende war anwesend, er saß hinter seinem Schreibtisch und blickte mich stirnrunzelnd an. Ich ging bis dicht vor den Tisch, und als mir kein Stuhl angeboten wurde, nahm ich mir einen mit der Bemerkung: »Sie gestatten doch!« Man gestattete stillschweigend, aber eine Frage nach meinen Wünschen wurde nicht gestellt. So blieb mir denn nichts anderes übrig, als selbst zu beginnen und unsere katastrophale Lage zu schildern.

Der Vorsitzende hörte mich an, ohne zu unterbrechen. Dann sagte er (und für diese Worte verbürge ich mich): »Und wenn wir bergeweise Kohlen hätten und nicht wüßten wohin damit, Sie bekommen keine, nicht ein Stück.«

Damit hielt der Mann die Unterredung für beendet. Ich aber war anderer Auffassung. Es war mir nun alles gleichgültig, wobei ich keinen Augenblick an mögliche Folgen dachte.

Ich sagte: »Herr Vorsitzender, ich habe Ihre Worte gehört und nehme daraus die Erkenntnis mit, daß es für Sie zwei Sorten Menschen gibt: diejenigen, die zu

Ihrer Anschauung gehören, beziehungsweise die gleiche Einstellung haben wie Sie selbst; die bekommen alles, was sie benötigen. Die anderen, vor allem jene, die sich zum christlichen Glauben bekennen, können indessen verrecken. Das rührt Sie nicht, obgleich Sie als Vorsitzender des Rates des Kreises für alle zu sorgen hätten.«

Damit stand ich auf, verbeugte mich vor dem Mann, der mit verkniffenem Gesicht sitzen blieb und verließ den Raum. Ich war so erregt, daß ich noch heute nicht weiß, wie ich die Treppe hinunter gekommen bin. Erst auf der Straße wunderte ich mich, daß ich noch frei herumlief und meinte, die Verhaftung könnte noch jeden Augenblick erfolgen. Ich blickte mich um, sah die Autobushaltestelle und überlegte, wann ich zurückfahren sollte. In diesem Augenblick sprach mich meine Tochter Christa an, unser Geburtstagskind.

»O Vati, das ist fein, daß ich dich treffe. Fährst du mit mir nach Hause?«

Ich nickte. »Ja, ich komme mit.« Dabei überlegte ich noch, ob wohl noch etwas zu besorgen sei.

In diesem Augenblick sprach eine Stimme laut und deutlich zu mir: »Rufe zu Hause an!«

Ich blickte mich erschrocken um. Da ich sonst niemand sah, fragte ich: »Christa, hast du eben etwas zu mir gesagt?«

Verwundert verneinte sie, sagte aber: »Vati, du siehst ja mit einem Mal so blaß aus.«

Ich wischte dieses Wort beiseite und fragte hastig: »Hast du eine Ahnung, ob man hier irgendwo telefonieren kann?«

Mir liegt daran, noch einmal zu betonen, daß ich diese Stimme, die mich aufforderte, daheim anzurufen, ganz deutlich hörte, obwohl niemand in der Nähe stand, der mir die Worte zurufen konnte. Meine Tochter war es jedenfalls nicht. Eine Erklärung dafür gibt es wohl kaum, es sei denn, man spricht von Gedankenübertragung, was man aus dem folgenden Telefongespräch entnehmen könnte.

Ich fragte also, ob in der Nähe eine Möglichkeit zum Telefonieren sei.

Christa bejahte diese Frage und zeigte mir eine etwas primitive Sprechstelle in einem Hausflur neben einem Zeitungsstand. Das Telefongespräch verlief folgendermaßen:

Ich hörte, daß meine Frau sich meldete. Daraufhin fragte ich nur, ohne meinen Namen zu nennen: »Was ist?« Das war für alle Fälle so vereinbart, denn wir rechneten seit einiger Zeit damit, daß unser Telefon abgehört wurde. Meine Frau sagte darauf, ich sollte zu einem bestimmten Pfarrer gehen und legte wieder auf.

Der Betreffende wohnte nur knapp hundert Meter entfernt. Als ich in sein Amtszimmer trat, sprang er entsetzt auf, lief sofort zum Telefon, deckte ein Kissen darüber und sagte flüsternd: »Um Gottes willen, Sie müssen fort!« Er erklärte mir, was er in der vergangenen Nacht von einem Mann erfahren hatte, den er vor kurzem heimlich getraut hatte, weil seine Braut darauf bestand. Was mir der Pfarrer erzählte, jagte mir einen mächtigen Schrecken ein. Um es kurz zu machen: Ich sollte spätestens am nächsten Tag verhaftet werden. Der Haftbefehl lag seit einigen Stunden vor.

Wir haben noch einiges besprochen und miteinander überlegt. Ich konnte mich dann nur noch bedanken, und erreichte im letzten Augenblick den schon abfahrenden Autobus.

Die folgenden Stunden waren furchtbar. Sie brachten aber auch die Gewißheit, daß nunmehr etwas zum Abschluß kam, was auf uns allen wie ein Alpdruck lastete.

Bis zu diesem Augenblick hatte ich nie daran gedacht, in den Westen zu gehen. Jedesmal, wenn ich einen Freund in Berlin besuchte, machte mir dieser Vorwürfe, daß ich für einen solchen Fall wieder nichts mitgebracht hatte. Der Gedanke, meine Arbeit im Stich zu lassen, lag mir auch jetzt noch fern, obgleich mir die Stimme, die an der Bushaltestelle in Hettstedt zu mir gesprochen hatte, wie ein Fingerzeig Gottes vorkam.

Als erstes setzte ich mich nun mit dem Mann in Verbindung, mit dem ich so lange zusammenarbeitete und mit dem ebenfalls für Telefongespräche eine ganz bestimmte Sprachregelung vereinbart worden war. Er wurde später, im Verlauf der ganzen Aktion, eingesperrt und verurteilt.

Mein Freund erschien gegen Abend. Bis dahin hielt ständig einer von uns in unserem kleinen Wohnzimmer Wache, dessen Fenster zum Schloßhof hinausging. Wir wollten wenigstens sehen, wenn sie kamen.

Wir haben eine Nacht hindurch beraten und die ganze Not immer wieder vor Gott gebracht, bis uns zur Gewißheit wurde, was zu tun sei.

Der Geburtstag unserer Tochter wurde trotzdem ein bißchen gefeiert, denn die Kinder sollten möglichst unbelastet bleiben. Allerdings ließ es sich nicht vermeiden, daß die Stimmung bei uns Erwachsenen gedrückt war.

Gegen Morgen stand dann unser Plan fest. Ich würde mit meinem Freund zusammen in dessen Wagen fortfahren. Wir würden uns mit den Worten verabschieden – möglichst laut hörbar –, daß wir nach Halle müßten, um bei der Regierung wegen Kohlen zu verhandeln. In Wirklichkeit sollte die Fahrt nach Magdeburg zum Bischof gehen. Er mußte nun entscheiden, was zu tun sei. Nur für den äußersten Notfall war vereinbart worden, daß ein Telefongespräch mit einem bestimmten Wortlaut meiner Frau signalisieren sollte, daß ich mich auf dem Weg nach Berlin befand, um dort erst einmal die weitere Entwicklung abzuwarten. Sie sollte dann so schnell wie möglich mit den Kindern nachkommen.

Jene Stunden und Tage zehrten an dem Rest meiner Kräfte. Ich war auch körperlich am Ende und furchtbar abgemagert. Seelisch konnte ich nur durchhalten, weil ich mich in jedem Fall unter Gottes Schutz wußte, wo auch immer dieser Weg enden würde.

Als wir am 25. Februar in der Frühe den Wagen bestiegen, ging gegen unser Erwarten alles glatt. Auch der Spitzel, der unter uns lebte, stand dabei und hörte meine Verabschiedung. Er hat vermutlich sofort eine Nachricht nach Hettstedt gegeben, denn sonst hätte man mit der geplanten Aktion nicht noch zwei Tage gewartet.

Als wir in Magdeburg dem Bischof berichtet hatten, legte mir mein väterlicher Freund, der mir zu meiner Überraschung und Freude vor einigen Wochen das brüderliche Du angeboten hatte, die Hand auf die Schulter und sagte: »Ich fürchte, du mußt einen schweren Gang gehen.«

Dann tagten die drei Spitzenmänner der Kirchenleitung. Erst nach langem Warten riefen sie uns zu sich und eröffneten mir, daß sie beschlossen hätten, ich solle Mansfeld verlassen und in den Westen gehen. Sie hofften, dadurch die ärgste Gefahr von Schloß Mansfeld abwenden und seine Einrichtung als evangelisches Werk retten zu können.

»Geh mit Gott, Bruder Reschke!« sagte der Bischof. »Wir wissen, daß es ein schwerer Weg sein wird, den mancher nicht verstehen kann. Aber wir stehen hinter dir.« Später war ich sehr froh, daß ich trotz dieser eindeutigen Worte meines Bischofs mir seinen Auftrag, Mansfeld zu verlassen und in den Westen zu gehen, schriftlich geben ließ. Es gab leider so manchen, der es besser zu wissen glaubte und meinte, mich beschimpfen zu können.

Im Augenblick aber mußte gehandelt werden, und zwar ohne Verzug. Mein Weg führte mich zum Hauptbahnhof in Magdeburg. Der Zug, den ich bestieg, fuhr nach Ostberlin. Niemand hätte mir sagen können, wie weit der Haftbefehl schon an die Vopo, auch an die Bahnpolizei weitergegangen war. Ich mußte halt sehen, ob der Weg für mich noch frei war. Kritisch wurde es zwischen Brandenburg und Potsdam, als die Kontrolle durch den Zug ging. Ich sagte mir immer wieder: Wenn es Gottes Wille ist, was der Bischof mir aufgetragen hat, wird alles glatt gehen. Andernfalls führt mich mein Weg für Jahre ins Gefängnis.

Gegen Abend war ich in Berlin und eine halbe Stunde später bei meinem Freund und dessen Frau auf dem Wedding. Das erste aber war nach der Begrüßung der Vorwurf: Nun hast du für nichts vorgesorgt! Ich führte das Telefongespräch nach Mansfeld mit den vereinbarten Worten. Meine Frau konnte nur weinend sagen, daß sie verstanden habe. Schon am nächsten Tag machte sie sich mit den Kindern auf den Weg, in Hut und Mantel und mit nichts anderem als einer kleinen Tasche. Die Kinder, die glaubten die Reise ginge nach Neinstedt am Harz, hatten ihre Schulbücher dabei, um unterwegs ein bißchen zu lernen. Als sie nach mancherlei Schwierigkeiten auf dem Bahnhof Friedrichstraße in Berlin ausstiegen, beachtete sie der abseits stehende Freund nicht, der unsere beiden Töchter, die vorn im Zug reisten, in Empfang nehmen sollte. Da schrie der Kleinste, unser Eberhard: »Das ist aber komisch! Erst wollen wir nach Neinstedt fahren, und nun sind wir in Berlin, und dann steht da Onkel Herbert, und der will uns gar nicht sehen.« Er war gerade kurz vor der Vollendung seines sechsten Lebensjahres.

Die beiden Mädchen, fünfzehn und dreizehn Jahre alt, waren vor Potsdam aus dem Abteil geholt worden, in dem sie aus Sicherheitsgründen getrennt von meiner

Frau im Vorderteil des Zuges fuhren, und in einem Sonderabteil der Volkspolizei verhört worden. Man wollte von ihnen wissen, wo ihr Vater sei. Beide Mädchen hatten keine Ahnung und konnten darum nichts sagen. Als man die Kinder mit Schlägen bedrohte, fing die jüngere, Bärbel, fürchterlich an zu schreien, worauf man sie dann beide gehen ließ.

Als wir am späten Abend bei meinem Freund alle vereint waren, erfüllte uns ein tiefer Dank gegenüber dem, der über uns allen seine Hand gehalten hatte. Ich denke, damals kam in mir zuerst der Gedanke auf, das alles einmal zur Ehre Gottes aufzuschreiben. Darüber sind dann noch so viele Jahre ins Land gegangen.

Niemand, der diese Ereignisse nicht persönlich mitgemacht hat, die dann auf einer anderen Ebene zu den Geschehnissen um den 17. Juni führten, kann ermessen, wie groß der Druck war, der auf uns lastete, und wie tief die Niedergeschlagenheit, die uns noch lange erfüllte.

9

Wer glaubt, daß für uns nun alle Not ein Ende hatte, der irrt sich. Zwar ging die Anerkennung als Flüchtlinge ziemlich glatt über die Bühne. Die »Gefahr an Leben und Freiheit«, wie es auf dem Schein des Bundesnotaufnahmeverfahrens hieß, konnte durch viele Zeitungsartikel gut belegt werden, in denen mein Name durch den Schmutz gezogen und meine schnellste Verhaftung verlangt wurde. Damit aber war die persönliche Not, in der wir uns nun befanden, dazu noch mit drei Kindern, keinesfalls beseitigt. Es ist etwas anderes, heute in die Bundesrepublik zu kommen, möglicherweise mit offizieller Ausreisegenehmigung, als damals ohne ein Stück persönlichen Eigentums und nur mit dem, was man auf dem Leib trug. Tausenden ging es nicht anders.

Inzwischen nahm das Drama auf Schloß Mansfeld seinen Fortgang. Kurz nachdem meine Frau mit den Kindern fort war, kam ein Trupp Volkspolizei mit Karabinern, um den Haftbefehl gegen mich zu vollstrekken. Irgend etwas hatte in dem »Apparat« nicht funktioniert. Man kann auch sagen: Es hat »jemand« die Hand dazwischen gehalten. Leider nahmen sie statt meiner einen jungen Mitarbeiter fest, der sich ganz gewiß nicht staatsfeindlich betätigt hatte. Sein Auftrag war es, zu meiner Unterstützung jungen Menschen das Evangelium zu sagen und für die Seminaristen zu sorgen. Das aber genügte schon! Er mußte elf Monate hinter Gittern verbringen, einen Teil davon in Kellereinzelhaft.

Wir aber saßen indessen in Westberlin in zwei Zimmern, die uns mein Freund vorübergehend beschaffen konnte, und haben dort manche trübe Stunde verbracht. In dieser Not war uns unser fünfjähriger Eberhard oft ein Trost. Er verstand es, uns mit seinem kindlichen Frohsinn und seiner Unbekümmertheit aufzuheitern.

Zwei Erlebnisse sollen hier berichtet werden.

Meine Frau und ich saßen wieder einmal in unserem Zimmer und grübelten darüber nach, was wohl werden sollte, da hörten wir plötzlich unseren kleinen Sohn ein Lied blasen.

Dazu muß gesagt werden, daß der Junge auf Schloß Mansfeld einen schmalen kupfernen Trichter gefunden hatte, der einer Trompete nicht unähnlich sah. Er verstand es in nicht nachzuahmender Weise, diesen Trichter wie eine Trompete zu benutzen und mit den Lippen durch ihn hindurch zu blasen, so daß man glauben konnte, tatsächlich eine Trompete zu hören. Eines seiner Lieblingslieder, das er von den vielen Posaunenchören kannte, die in den Freizeiten bei uns gespielt hatten, war ein Bachsatz des Liedes »Lobe den Herren, den mächtigen König der Ehren«.

Als wir nun in jenem Zimmer in Berlin saßen und glaubten, nicht mehr weiter zu wissen, da fing der kleine Kerl draußen auf dem Balkon an, dieses Lied zu »spielen«, indem er seine Lippen wie bei einer »Flüstertüte« formte und dabei die wunderbaren Töne hervorbrachte.

»Lobe den Herren, den mächtigen König der Ehren,
meine geliebte Seele, das ist mein Begehren.
Kommet zu Hauf, Psalter und Harfe wacht auf,
lasset den Lobgesang hören.

Lobe den Herren, der alles so herrlich regieret,
der dich auf Adelers Fittichen sicher geführet,
der dich erhält, wie es dir selber gefällt,
hast du nicht dieses verspüret?«

Das Lied ging uns durch Mark und Bein. Uns rollten die Tränen über die Gesichter, und ich glaube, wir schämten uns unseres Kleinglaubens, der trotz der gnädigen Führung unseres Herrn leider oft genug durchbrach. Plötzlich war uns klar, daß auch wir sagen und singen konnten: ». . . hast du nicht dieses verspüret?«

Ist es nicht so, daß wir alle in unserem Leben viel mehr zum Danken entdecken, wenn wir Augen und Ohren dazu öffnen, als Not vorhanden ist? Auch wenn in manchem Leben das Schicksal – nämlich das, was Gott uns schickt – nicht immer verstanden werden kann, finden wir Grund zum Danken.

Wir haben in jener Stunde, als wir unseren Kleinsten den herrlichen Choral »blasen« hörten, uns unseres Kleinglaubens geschämt, so wie es einst die Jünger taten, als Jesus auf dem Meer zu ihnen trat und sagte: »O ihr Kleingläubigen, warum seid ihr so furchtsam?«

Ein zweites Erlebnis war ganz anderer Art.

Ich mußte mit der S-Bahn fahren und hatte den Kleinen mitgenommen. Auf dieser Fahrt kamen wir am Bahnhof Witzleben vorbei und sahen von unten her den Berliner Funkturm. Mein Sohn, der diesen noch nie gesehen, aber im Mansfelder Kindergarten wohl die übliche Hetze gehört hatte, krähte plötzlich mit seiner Kinderstimme laut los: »Vati, ist das der Lügensender Rias?«

Ehe ich noch richtig erschrecken konnte, ging ein brausendes Gelächter durch den S-Bahnwagen, und im Handumdrehen hatte der Junge in seinen kleinen Händen und auf seinem Schoß Bananen, Apfelsinen, Weintrauben und Schokolade. Er selbst aber machte ein Gesicht, als ob er jeden Augenblick weinen wollte; denn trotz der herrlichen Sachen, die er hier in Westberlin erst kennenlernte, kam ihm die Angelegenheit nicht ganz geheuer vor.

Ein Herr aber trat herbei, strich ihm über die blonden Haare und meinte: »Junge, das war prächtig! Man merkt, daß du von drüben kommst und erst noch lernen mußt, welchen Schwindel sie euch dort verzapft haben.«

Ja, so waren die Berliner in jenen Tagen, und so sind sie eigentlich noch immer: Im richtigen Augenblick ein humorvolles Wort und eine gute Tat.

Nach wenigen Wochen konnten wir mit Unterstützung meines Schwagers aus Berlin ausfliegen. Unterdessen hatte auch Arnold Dannenmann die Freunde in der Bundesrepublik mobilisiert, so daß Briefe auf den Tisch kamen, die mir ein wenig Hoffnung schenkten. Nach kurzem Umweg über Osterode am Harz, diesmal aber auf der westlichen Seite, ging es nach Süddeutschland, ins Schwabenland. In Bad Boll fanden wir mit Unterstützung durch Arnold Dannenmann für längere Zeit den Platz, an dem wir uns erholen und zur Ruhe kommen konnten. Leider überfiel nun so manche, zum Teil recht schwere Krankheit unsere Kinder. Sicher war das eine Reaktion der Körper auf die mancherlei Belastungen, die auch an ihnen nicht spurlos vorübergegangen waren.

Und dann kam ein Tag, den ich nicht vergessen kann. Arnold Dannenmann hatte mich mit seinem Wagen abgeholt und nach Frankfurt mitgenommen. Auf dieser Fahrt lernte ich den kennen, der mir im Dritten Reich so wunderbar geholfen und mich vor dem KZ bewahrt hatte. Ich konnte ihm noch nachträglich danken und bin im Blick auf das Entsetzliche, das er später erleben mußte, doppelt dankbar.

Auf der Rückfahrt von Frankfurt saß ich mit meinem Freund A. D. hinten im Wagen zusammen. Wir sprachen über meine zukünftige Tätigkeit. Schon damals wollte er mich gern in das erst kurze Zeit bestehende und noch im Aufbau befindliche »Christliche Jugenddorfwerk Deutschlands« haben, das zu jener Zeit noch einen etwas anders klingenden Namen hatte. Entgegen dem Wunsch meines Freundes glaubte ich aber, einen anderen Dienst übernehmen zu müssen. Ich gab ihm eine Absage, die mir später sehr leid tat. Doch konnte ich sie schon Ende des Jahres bei einem neuen Ruf korrigieren. Wir unterhielten uns damals über so mancherlei, und Dannenmann fragte mich, wie es uns denn finanziell ginge. Ich konnte darüber nicht viel Gutes sagen. Plötzlich spürte ich seine Hand in meiner Jackentasche. Als ich erschrocken hochblickte und etwas sagen wollte, legte er den Finger auf den Mund, was bedeuten sollte: Schweige!

Als ich wieder in Bad Boll war und im Zimmer meine Jacke auszog, fiel mir die Sache erst wieder ein. Ich griff in die Tasche und zog ein kleines Bündel Hundertmarkscheine heraus. Eine Gabe, die auch A. D. in jener Zeit bestimmt nicht leichtgefallen war, die aber für uns ein Vielfaches mehr bedeutete. Eine solche Tat kann man einfach nicht vergessen.

Auf dem evangelischen Kirchentag in Hamburg, den ich zusammen mit Freunden aus Württemberg besuchte, traf ich meinen alten Bischof D. Ludolf Müller wieder. Wir haben beide über dieses Wiedersehen viel Freude empfunden. Der Bischof konnte mir auch berichten, wie es mit Schloß Mansfeld weitergegangen war. Die Partei hatte ihre Hand darauf gelegt. Vorläufig bestand keine Aussicht, das Tagungs- und Freizeitheim sowie das Seminar wieder zu eröffnen. Mein junger Mitarbeiter war verurteilt worden und auch der Landeswart in Gewahrsam. Trotz mancher Veränderungen in der DDR wehte für die Christen ein rauher Wind. Was mich natürlich am meisten interessierte, das hob der Bischof in seinem Bericht bis zuletzt auf: Der Prozeß gegen meine Person, der in der Kreisstadt über die Bühne lief. Er selbst, der Bischof, hatte daran als Zeuge teilgenommen. Was ich da zu hören bekam, übertraf mein Vorstellungsvermögen. Ausbildung von Agenten gegen die DDR war noch eines der geringsten Vergehen, das mir angehängt wurde. Die Beweise, die man vorlegte, waren uralte Fahrtenmesser, Bleikugeln, die zum Beschweren von Hängelampen verwendet wurden und ähnliche Gegenstände. Es ist sinnlos, sie zu erwähnen. Das Urteil, sofern es an mir vollstreckt worden wäre, hätte viele Jahre Freiheitsentzug bedeutet.

Als Bischof Müller meine tiefe Erschütterung wahrnahm, sagte er mir ein Wort, das mir zu einem großen Trost wurde: »Lieber Bruder Reschke, was man dir da angehängt hat, ist lächerlich und die reinste Unwahrheit. Darüber solltest du nicht nachdenken. Es lohnt sich nicht.«

Er legte mir die Hand auf die Schulter, wie nur er es in seiner unnachahmlichen väterlichen Weise tun konnte, und fuhr fort: »Denke daran, daß es nicht dein Wille war, der dich vor diesem Letzten bewahrte. Ich glaube ganz fest daran, daß wir, die wir dich gehen hießen, einen klaren Auftrag Gottes erfüllten. Du hast nun hier in der Bundesrepublik eine neue Aufgabe übernehmen können. Er wird dir dabei den Weg weisen und dich führen, wie du es schon oft genug erlebt hast!«

Es war meine letzte Unterredung mit dem alten Herrn. Er ist längst heimgegangen. Seine Worte wurden mir Wegweisung und Trost.

Als ich dann Ende 1953 einem dringenden Ruf meines Freundes Arnold Dannenmann als Mitarbeiter im »Christlichen Jugenddorfwerk Deutschlands« folgte, habe ich mir oft vorhalten müssen, was der Bischof damals in Hamburg gesagt hatte. Es war ein ganz anderer Dienst, der nun für mich begann, aber auch ein Dienst im Auftrag des Herrn, der mich einst in schwerer

Stunde gerufen hatte, alles hinter mir zu lassen und neu anzufangen.

Im Dienst des CJD (wie die Abkürzung für »Christliches Jugenddorfwerk Deutschlands« lautet) habe ich in den vielen Jahren erleben dürfen, daß Gott die Herzen junger Menschen aufschließt, wenn wir ernsthaft darum ringen. Ich durfte helfen, dafür Mitarbeiter zuzurüsten. Vor allem die »Bibel- und Glaubens-Seminare«, aber auch die Unterrichtsstunden in christlicher Lebenskunde und praktischer Bibelkunde gaben mir immer wieder Gelegenheit, diesem Auftrag gerecht zu werden. Ich habe erfahren dürfen, daß unsere Gebete erhört werden, ganz gleich, ob es sich um Einzelschicksale handelt oder um ganze Gruppen von Menschen und die Einrichtungen eines Werkes.

Ich denke da an jenes Jugenddorf, in dem ich an einem Abend über das Thema »Gibt es den lebendigen Gott?« sprechen konnte. Ich hielt keinen Vortrag, sondern versuchte von vornherein, mit den Jungen und Mädchen im Alter zwischen fünfzehn und siebzehn Jahren ins Gespräch zu kommen. Das war nicht leicht. So teilte ich die rund einhundertfünfzig Jugendlichen in zwei Gruppen auf, die sich gegenüber saßen. Wir diskutierten über das Für und Wider in der Fragestellung des Themas.

Da geschah etwas, was ich seitdem oft erlebt habe: Die Gruppe, die ich gebeten hatte, für die These einzutreten, nahm sich der Sache so stark an, daß sie die anderen, die dagegen sprachen, in die Enge trieb und zum Schluß die Oberhand behielt. Als ich auf einer Tafel das Diskussions-Ergebnis der beiden Seiten zusammenfaßte, rief ganz spontan einer der jungen Männer, die dafür gesprochen hatten: »Das ist doch nicht möglich? Haben wir denn wirklich recht mit dem, was wir gesagt haben?«

Nun ging es noch einmal los, jetzt aber ganz frontal, ohne jede Gruppierung. Am meisten bereitete es den jungen Menschen Not, daß sie zu etwas ja sagen sollten, was sie nicht sehen konnten. Einer von ihnen steigerte sich derart in eine Abwehrstellung hinein, daß er nicht mehr weiter wußte und schließlich sagte: »Ich gestalte mein Leben selbst. Ich glaube einfach nicht, daß da irgendeiner mitspricht oder gar mithandelt.«

In diesem Augenblick fiel mir das Erlebnis mit meinem kleinen Freund Martin aus Dobien ein. Ich erzählte es und stellte fest, daß die Jungen und Mädchen gespannt zuhörten. Mit der Diskussion war es an diesem Abend zu Ende. Die Geschichte ging ihnen zu stark nach. Als ich allen eine gute Nacht wünschte, fügte ich noch hinzu: »Vielleicht haben viele von euch schon sehr lange nicht mehr mit Gott geredet. Auch ich habe das einige Zeit hindurch als junger Mensch nicht getan. Vielleicht hat aber der eine oder andere von euch den Mut, heute abend, wenn er zu Bett gegangen ist, wieder einmal seine Hände zu falten und zu beten. Tut es ganz einfach so, als wolltet ihr mit einem guten Freund reden.«

Am nächsten Morgen, als ich noch zu Einzelgesprächen zur Verfügung stand, kamen viele dieser Jugendlichen mit Fragen zu mir, die mir zeigten, daß der Abend in ihnen nachwirkte. »Wie soll ich beten? Was kann ich Gott im Gebet sagen? Warum soll man in der Bibel lesen? Gibt es eine Hilfe zum Bibellesen?« Diese und viele andere Fragen wurden gestellt. Darüber hinaus gab es Jungen und Mädchen, die mir eine persönliche Not nannten und um Hilfe baten.

Es würde den Rahmen eines solchen Buches sprengen, über die mancherlei Erlebnisse zu berichten, die ich in den langen Jahren meiner Mitarbeit im CJD hatte und noch habe. Immer wieder, und das möchte ich ausdrücklich feststellen, erfahre ich, wie junge Menschen sich dem Wort Gottes gegenüber aufschließen, daß sie nach Jesus Christus fragen und ihr Leben ihm übergeben.

In Hildesheim traf ich eines Tages einen jungen Mann auf der Straße. Er war inzwischen etwa Anfang dreißig und hatte, wie er mir erzählte, eine Frau und zwei Kinder, die er sehr liebte.

Ich hatte ihn von weitem gesehen und geglaubt, er hätte mich nicht erkannt. Da wir uns vor Jahren nach einer schweren Auseinandersetzung leider trennen mußten – um anderer Jugendlicher willen ging es nicht anders –, dachte ich, ich sollte ihm am besten aus dem Wege gehen.

Ich ging deshalb auf die andere Straßenseite und blickte in die Schaufenster eines Möbelgeschäftes. Plötzlich legte sich mir eine schwere Hand auf die Schulter. Erschrocken wandte ich mich um und blickte in das Gesicht dessen, den ich meiden wollte. Was wird nun werden? ging es mir durch den Sinn.

Es wurde ein wunderbares Gespräch. Kein Wort des Vorwurfes fiel, dafür aber bekannte der junge Mann zwei Dinge:

»Ich muß Ihnen danken«, sagte er, »daß Sie mich damals rausgeworfen haben. Es war das einzig richtige, das mich endlich zur Besinnung brachte. Ich habe Ihnen damals angemerkt, wie schwer es Ihnen wurde, so zu handeln. Danken möchte ich aber vor allem für die Stunden, in denen Sie mit uns über Fragen des Lebens und unseres Glaubens gesprochen haben. Das ist mir nachgegangen. Als ich hier in Hildesheim, zunächst recht mühsam, meine Ausbildung beenden mußte, wurde mir mit der Zeit immer deutlicher, daß Gott mich auf diesen Weg gestellt hat und daß Sie dabei sein Helfer waren. Heute stehe ich fest im Berufsleben, ich habe eine sehr gute Stellung, außerdem eine liebe Frau und zwei Kinder, an denen ich sehr hänge. Meine freie Zeit aber gehört zum größten Teil dem, den ich bei Ihnen im Jugenddorf kennengelernt habe – Gott.«

Ich habe in diesem Dienst auch viele Bewahrungen erlebt, die ich nicht alle berichten kann. Ein Erlebnis soll für viele stehen.

Wir wohnten bereits in Altensteig im Schwarzwald. Von hier aus trat ich meinen oft mehrtägigen Reisedienst an. Wenn es dann wieder heimwärts ging, nahm ich oft auch eine Nachtfahrt in Kauf. Alle, die viel mit dem Wagen unterwegs sind, wissen, wie gefährlich das werden kann. Gegen Übermüdung versagen zuletzt alle Hilfsmittel. Darum ist eine Übernachtung vernünftiger, auch wenn es sich manchmal nur um eine verhältnismäßig kurze Strecke handelt.

So hatte ich eines Tages zum Abschluß einer längeren Dienstreise noch in Stuttgart zu tun. Nach einem Vortrag in einem Jugenddorf hatte ich mit den Mitarbeitern noch zusammengesessen und dabei die Zeit vergessen. Als ich kurz nach dreiundzwanzig Uhr versuchte, ein Hotelzimmer zu bekommen, erhielt ich nur Absagen. In Stuttgart fand zur gleichen Zeit ein Kongreß statt, durch den alle Hotelzimmer belegt waren. Auch in dem Jugenddorf war nichts frei. Da die Fahrt bis Altensteig in der Regel höchstens eineinhalb Stunden dauert, fuhr ich einfach los.

Kurz vor Böblingen wurde ich so müde, daß es mir nicht mehr gelang, die Augen offenzuhalten. Ich fuhr auf einen kleinen Parkplatz und schlief, auf die Sitze zusammengerollt, etwa eine Stunde. Danach fühlte ich mich wieder frisch und fuhr weiter. Inzwischen, es war Hochsommer, wurde es am Himmel schon langsam hell. So kam ich bis in die Nähe von Herrenberg.

Was dann geschehen ist, kann ich beim besten Willen nicht sagen. Plötzlich gab es einen ungeheuren Knall. Ich flog seitlich aus dem Wagen und fand mich im Gras einer Obstplantage wieder, die sich damals dicht neben der Straße befand. Ich muß wohl eingeschlafen sein, dabei kam der Wagen von der Straße ab, schleuderte und durchquerte den Graben. Mit einem heftigen Stoß landete er an einem Obstbaum. Zu meinem Glück muß bei diesem Manöver mein Fuß vom Gashebel gerutscht sein, so daß der Wagen nicht mehr die volle Geschwindigkeit hatte.

Das erste, was ich hörte, war das Morgenlied der Vögel, die bei den Strahlen der aufgehenden Sonne dem neuen Tag entgegenjubelten. Mein erster Blick aber fiel auf den Turm der Herrenberger Kirche, der in der Ferne aufragte und mir wie ein Zeigefinger Gottes schien. Noch hatte ich keine Schmerzempfindung, noch wußte ich nicht, was mir geschehen war. Ich spürte, daß ich lebte, daß die Sonne leuchtete und die Vögel sangen und – ja, daß Gott mich wieder einmal gnädig bewahrt hatte vor dem Letzten.

»Ich danke dir, Herr! Ich danke dir!« war das einzige, was ich in diesem Augenblick empfand, was ich wirklich denken konnte. Erst danach kam alles andere.

10.

Ich bin von Freunden und von Mitarbeitern, aber auch von jungen Menschen oft gefragt worden, woher ich meinen Glauben nähme, wie ein Mensch zu einem solchen Glauben kommen kann – ja, was Glauben eigentlich sei.

Darauf kann man viele Antworten geben. Das Alte wie das Neue Testament sind voll von Glaubenszeugnissen. Die Bibel berichtet von Menschen, die im Glauben an den lebendigen Gott ihr Leben ihm hingaben. Jesus selbst zeigt uns mit seiner Botschaft und mit seinem ganzen Leben diesen Weg zum Glauben. Das Evangelium, die frohe Botschaft, kann man aber nur dann begreifen, wenn man ihren Inhalt kennt.

Aber auch dann ist es nicht ganz einfach zu erfassen, daß der Herr die Fäden in der Hand hält. Vielleicht sollte ich an einem Erlebnis deutlich machen, worum es dabei eigentlich geht, was man selbst tun muß und was nur ein anderer tun kann. Ein solches Erlebnis hatte ich vor vielen Jahren. Ich möchte es an den Schluß meines Berichtes stellen und hoffe, daß es anderen ebenso hilft, wie es mir geholfen hat.

Dazu muß ich noch einmal in jene Zeit nach dem Krieg zurückblenden, als ich wieder meinen Dienst aufgenommen hatte. Es gab damals wenig zu essen, und die allgemeinen Verkehrsmittel waren nur sehr vereinzelt in Betrieb. Neben meinem Dienst in Wittenberg selbst und in den beiden Dörfern, in denen ich den Pfarrer zu vertreten hatte, mußte ich oft unterwegs sein, um in den sich wieder bildenden evangelischen Jugendkreisen helfend und beratend zur Seite zu stehen. Vor solchen Fahrten konnte ich nie sagen, wann ich wieder daheim sein würde. Der Tag, den ich jeweils angab, war mehr eine Vermutung.

Unsere beiden Kinder (das dritte war noch nicht geboren) warteten immer sehr auf Vatis Heimkehr. Einmal, weil sie sich überhaupt darauf freuten, zum anderen aber auch, weil mir von manchen guten Menschen oft etwas mitgegeben wurde, was die schmale zugeteilte Kost aufbesserte und worauf sich auch die Kinder freuten. Meist hatte ich zwei Gepäckstücke bei mir: Ein Köfferchen mit den Sachen, die ich persönlich unterwegs benötigte. Dazu gehörten auch ein Kanten Brot und ein Glas mit Marmelade. In einem zweiten Koffer, den ich mit mir trug, befanden sich Bücher, die ich unterwegs brauchte, oder verteilte. In diesem Koffer fanden dann die Mitbringsel Platz, auf die vor allem die Kinder warteten.

Ich war wieder einmal auf einer längeren Reise, die eine ganze Woche dauern sollte. Die Züge der Reichsbahn fuhren sehr unregelmäßig, auf vielen Strecken überhaupt noch nicht. An Autobusverkehr war gar nicht zu denken. Ich war jedesmal froh, wenn mich die Freunde in den Gemeinden von Ort zu Ort weiterleiten konnten, indem sie für mich nach einer Fahrgelegenheit suchten. Meistens waren es Lastwagen, die lebenswichtige Güter transportierten, meistens nur für die russische Besatzungsmacht. Als das Wochenende herbeikam, bot sich mir, gegen alle Erwartung, einen Tag früher als geplant, eine gute Fahrgelegenheit auf einem LKW bis Wittenberg. Das ließ ich mir nicht zweimal anbieten, stellte meine beiden Koffer hinauf, von denen der eine mit Liebesgaben einiger Bauern gefüllt war, und ließ mich auf der langen Fahrt über schlechte Straßen tüchtig durchschütteln.

Zur Verdeutlichung des folgenden Erlebnisses muß ich erwähnen, daß wir in Wittenberg an einer der Ausfallstraßen wohnten, wo meiner Familie nach der Zerstörung unserer Wohnung eine neue zugewiesen worden war. Das Haus lag direkt an der Straße. Um das ganze Grundstück lief ein Zaun. Der Eingang des Hauses lag auf der Rückseite über einen kleinen Hof hinweg.

Meine Eltern wohnten bei uns. Mein Vater hatte in den letzten Tagen von einem Bauern der Umgebung ein paar kleinere Bäume bekommen, die er in dessen Wald umlegen und zerkleinern durfte. In der hinteren Ecke des Hofes hatte er das Holz in einem hohen Stapel errichtet, auf dem die Kinder, vor allem meine damals siebenjährige Tochter Bärbel, herumturnten. Der Opa sah das zwar nicht gern, aber Kinder sind nun einmal so.

Kurz vor unserem Haus stieg ich von dem Lastwagen, nahm meine beiden Koffer und lief auf das Haus zu. Da ich von der anderen Straßenseite her kam, konnte mich vom Hause aus niemand sehen. Ich muß sagen, daß ich trotz der vorzeitigen Heimkehr nicht in bester Stimmung war. Unterwegs hatte ich einiges erlebt, was für unsere Arbeit nicht gerade ermutigend war. Der Druck der Besatzungsmacht wurde stärker, und der Einfluß der Kommunisten sorgte dafür, daß die Menschen, zum Teil aus Furcht, anfingen, den kirchlichen Veranstaltungen fernzubleiben. Doch gab es gerade unter den jungen Menschen immer wieder solche, die sich von keiner Androhung irgendwelcher Nachteile beeinflußen ließen. Sie bildeten den kleinen Kern der späteren Jungmännerkreise. Mir ging das alles, was ich gehört und erlebt hatte, durch den Kopf, so daß ich nicht sah, was sich auf dem Hof hinter dem Haus abspielte.

In Gedanken versunken kam ich um die Hausecke. In jeder Hand trug ich einen Koffer, von denen besonders der eine nicht leicht war. Ich betrat gerade den Hinterhof, der von dem Zaun und dem in der hinteren Ecke liegenden Holzstapel begrenzt wurde, da hörte ich auch schon die Stimme meiner Tochter Bärbel. Sie hatte mich von der Höhe des Holzstapels aus entdeckt und rief in ihrer jähen Freude: »Vati, fang mich auf!« Schon im gleichen Augenblick sprang sie.

Bis zum Holzstapel waren es noch etwa acht bis zehn Meter.

Was sich in diesen Sekunden oder auch nur Bruchteilen von Sekunden abspielte, kann man so schnell gar nicht schildern. Mich durchfuhr ein furchtbarer Schrecken. Im gleichen Augenblick ließ ich beide Koffer zur Erde fallen, machte einen ungeheuren Satz, den ich unter normalen Verhältnisssen nie geschafft hätte, und konnte meine Tochter gerade noch auffangen, ehe sie auf dem Steinpflaster des Hofes aufschlug.

Meine Erschütterung war so groß, daß ich kein Wort herausbrachte. Bärbel aber war wohl erst in diesem Augenblick ihr gefährliches Tun zu Bewußtsein gekommen. Sie fing an zu weinen. Ich jedoch wurde von einem plötzlichen Zorn gepackt und wollte meine Tochter gerade über das Knie legen und bestrafen, da traf mich eine jähe Erkenntnis: Hatte das Kind nicht aus einem unerhört großen Vertrauen heraus gehandelt, aus dem Vertrauen auf das Handeln des Vaters? Hätte sein Vertrauen überhaupt größer sein können?

Ich stellte Bärbel vor mich hin, hockte mich vor dem Kind auf den Boden und drückte es ganz fest an mich. Mein Gedanke aber hieß: »Lieber Herr, ich danke dir!«

Seit jenem Tag weiß ich, was Glauben wirklich ist: Im Vertrauen darauf, daß der Vater im Himmel uns auffängt, dürfen wir uns fallen lassen. Sein Wort gibt uns die Verheißung, daß er uns annimmt. Dieses Vertrauen auf den Vater im Himmel kennt kein Wenn und Aber. Bärbel hatte nicht erst nachdenken müssen: Fängt mich der Vati auch auf? Sie sprang und erfuhr die Bewahrung in meinen Armen.

Ob wir uns auch immer dazu durchringen können, auf die Gewißheit der Gegenwart Gottes hin zu »springen«, daß heißt, uns in seine Arme fallen zu lassen?

Er, unser Gott, hat die Fäden in seiner Hand, die Fäden auch für unser Leben. Wir haben alles zu tun, was wir vermögen. Er allein aber kann das Gelingen geben. Ich habe es erlebt.

Leseprobe aus dem Buch desselben Verfassers:

Rotes X

(158 Seiten, gebunden)

Es waren noch Osterferien. Oberamtmann Uhlenkamp fand die Familie schon um das Mittagessen versammelt, als er zu Tisch kam. Doch ganz vollzählig war die Runde nicht, denn der Älteste, Martin, studierte in Berlin.

»Stellt euch vor«, mit diesen Worten nahm der Leiter des städtischen Ordnungsamtes am Tisch seinen Platz ein, »unsere Stadt hat ihre Sensation: Das Chemische Werk wird ausgebaut. Ein Konsortium mit internationaler Zusammensetzung hat die Geschichte übernommen und will die alte Klitsche wieder auf die Beine stellen. Na« – er lehnte sich ein wenig zurück – »Zeit wird es ja, denn Arbeitsplätze können wir dringend brauchen. Nicht nur wir, sondern der ganze Kreis wird davon profitieren. Ich war heute dabei, als die Geschichte zwischen unserm Bürgermeister und dem Oberkreisdirektor zur Sprache kam.«

»Was wollen die denn herstellen?« Die Frage kam aus Ralfs Mund. »Hoffentlich nicht irgendein Zeug, das den Fluß und vor allem auch unsere Luft verpestet.« Er blickte den Vater kritisch an.

»Vorläufig ist noch nichts Näheres bekannt«, antwortete Ernst Uhlenkamp. »Das sollte uns auch egal sein. Wir brauchen für unsere Stadt nicht nur Arbeitsplätze, sondern vor allem auch Ausbildungsmöglichkeiten. Im nächsten Jahr haben wir sehr viele Schulabgänger.« Dabei blickte er zu seinem Sohn Stefan hinüber, der ihm vor kurzem gesagt hatte, daß er die Schule verlassen wollte.

Während dieses ganzen Gesprächs saß Mutter Uhlenkamp still dabei. Seit ihre Söhne so langsam erwachsen wurden, hatte sie es sich mehr und mehr abgewöhnt, sich in ein Gespräch zwischen ihren Männern – wie sie gern sagte – einzumischen. Ihre Art war anders als die ein wenig laute ihres Mannes. Sie sprach lieber, wenn sie es für nötig hielt, mit den einzelnen.

Stefan stand ihr besonders nahe, schon weil er allen Glaubensfragen gegenüber aufgeschlossen war. Dabei ließ sie Ralf nicht außer acht, und ganz bestimmt auch nicht ihren Ältesten, der nach ihrer Meinung viel zu selten nach Hause kam.

Jetzt aber griff Herta Uhlenkamp zum Erstaunen ihrer Männer doch in das Gespräch ein. »Ich weiß ja«, wandte sie sich an ihren Mann, »ich weiß ja, wie sehr dir Arbeitsplätze für die Menschen in unserer Stadt am Herzen liegen. Aber ich meine doch, daß Ralf recht hat. Ihr solltet nicht vergessen, danach zu fragen, was das Chemische Werk in Zukunft zu produzieren gedenkt. Das könnte für uns alle von größter Wichtigkeit sein.«

Das war für Mutter Uhlenkamp eine lange Rede, und besonders ihr Sohn Ralf blickte sie begeistert an . . .

Inzwischen konnte jeder sehen, daß es draußen vor der Stadt, wo am Fluß die alten Gebäude des Chemischen Werkes standen, lebhaft zuging. Teile wurden abgerissen, Material herangefahren, Zement und Steine abgeladen und gewaltige Balken aufgestapelt. Ganz unten am Fluß aber, wo der Gleisanschluß zur Bundesbahn entlanglief, rollten verdeckte Waggons an, von denen einige ein seltsames, auf jeden Fall auffallendes Zeichen trugen: ein rotes X. Das Zeichen war durchaus nicht provozierend angebracht. Aber wer sich für das, was dort draußen geschah, interessierte, der konnte es sehen.

Von demselben Verfasser sind in unserem Verlag erschienen:

Nr. 12693

Jeder braucht eine Brücke
160 Seiten, gebunden

Enttäuschte arbeitslose junge Leute, die aus Familie und Gesellschaft aussteigen, und von der Jugend frustrierte Erwachsene – wie können sie wieder zueinanderfinden? In dieser zeitnahen, spannenden Erzählung, die besonders junge Leute, aber auch ihre Eltern, anspricht, werden viele der Probleme aufgegriffen, von denen heute kaum noch eine Familie verschont bleibt. Erst nach manchen Irrwegen finden jung und alt eine Brücke zueinander, die tragfähig genug ist, um all die Belastungen auszuhalten: den erneuernden Glauben an Jesus Christus.

Nr. 13023

Wir sind im Kampfe Tag und Nacht
240 Seiten, Taschenbuch

Neben jüngeren Lesern will das Buch sich auch an Eltern, Lehrer und Seelsorger richten und deutlich machen, daß materielle Hilfe nicht ausreicht, wenn dabei das Verständnis für die Probleme eines jungen Menschen fehlt, dessen Seele Not leidet.

Nr. 12746

Signale zwischen Hamburg und Haifa
158 Seiten, gebunden

Auf höchst seltsame Weise werden der Ägypter Ali und Frank Hagenbach Blutsfreunde. Als arabische Terroranschläge Ali ins Zwielicht bringen und Frank ihn durch seine Freundschaft mit der jungen Israelin Mirjam herausfordert, wird sichtbar, daß Liebe und Glaube, die Gott schenkt, stärker sind als Haß und Neid. (JM ab 14)

Nr. 37 295
Gestoppt am Abgrund
285 Seiten, Stuttgarter Jugendtaschenbuch

Der Werbechef eines weltberühmten Arzneimittelkonzerns wird von Industriespionen bedroht, sein Sohn von Rauschgift-Dealern erpreßt. Die häuslichen Schwierigkeiten nehmen immer mehr zu, und die Macht des Bösen treibt Menschen bis an einen Abgrund des Schreckens. Aber dann greift Gott ein, nach dem man bisher wenig gefragt hat. In einer bis zur letzten Seite spannenden Erzählung werden brennende Probleme unserer Zeit angesprochen, die Junge und Ältere in gleicher Weise betreffen.

Nr. 37 283
Steigende Fluten
237 Seiten, Stuttgarter Jugendtaschenbuch

Zunächst sieht alles so harmlos aus – aber dann steht Franzfriedrich das Wasser bis zum Hals, weil er in den Raub eines kostbaren Domschatzes verwickelt ist. Ein Hochwasser hilft dazu, den Diebstahl aufzuklären und gibt auch Franzfriedrich die Chance, auf einen neuen Weg zu finden.

Nr. 37 288
Die Bande vom schiefen Turm
160 Seiten, Stuttgarter Jugendtaschenbuch

Klaus Degenhardt gerät in die Abhängigkeit einer gefährlichen Bande, die auch vor dem Handel mit Rauschgift nicht Halt macht. Eines Nachts fliegt die Sache auf. Für Klaus ist es nicht nur ein erschreckendes Ende, sondern auch der Anfang zu einem neuen Leben, in dem Christus etwas zu sagen hat.